本书系教育部校本课程建设研究推进项目和教育部基础教育课程教材发展中心临沂实验区综合教育改革实验研究成果，由宋玉良、苗成彦、王有鹏、陈秀虹、王存金、公彦利合作完成。

新时代德育新课程

新课程

—"问题导向"初中地方德育
专题课程研究与实践

宋玉良 苗成彦 王有鹏 著
陈秀虹 王存金 公彦利

山东教育出版社

图书在版编目（CIP）数据

新时代德育新课程："问题导向"初中地方德育专题
课程研究与实践 / 宋玉良等著 . —济南：山东教育出版社，
2018

ISBN 978-7-5701-0182-5

Ⅰ . ①新… Ⅱ . ①宋… Ⅲ . ①德育－课程－教
学研究－初中 Ⅳ . ①G631

中国版本图书馆 CIP 数据核字（2018）第 043417 号

XIN SHIDAI DEYU XIN KECHENG

—— "WENTI DAOXIANG" CHUZHONG DIFANG DEYU ZHUANTI KECHENG YANJIU YU SHIJIAN

新时代德育新课程

—— "问题导向"初中地方德育专题课程研究与实践

宋玉良　苗成彦　王有鹏

陈秀虹　王存金　公彦利　著

主管单位：山东出版传媒股份有限公司

出版发行：山东教育出版社

地址：济南市纬一路321号　邮编：250001

电话：（0531）82092660　网址：www.sjs.com.cn

印　　刷：山东临沂新华印刷物流集团有限责任公司

版　　次：2018年8月第1版

印　　次：2018年8月第1次印刷

开　　本：710毫米×1000毫米　1/16

印　　张：13

字　　数：178千

定　　价：28.00元

（如印装质量有问题，请与印刷厂联系调换）印厂电话：0539-2925659

目录

总序／「问题导向」的德育课程变革

　　临沂市作为教育部基础教育课程教材发展中心基础教育课程综合改革示范实验区之一，课程改革进行得可谓是风生水起、如火如荼。目前，十几个实验项目正在全面实施、稳步推进，"问题导向"初中地方德育课程建设项目就是其中之一，并作为教育部基础教育课程教材发展中心"校本课程建设研究推进项目"。此项目的实施，在沂蒙大地和山东省内外产生了很好的影响，形成了《新时代德育新课程——"问题导向"初中地方德育专题课程研究与实践》《新时代德育新课程成果——"问题导向"初中地方德育专题课程开发与实施》两本厚重的课程改革成果，这也是基础教育课程综合改革示范实验区的创新成果。它集中反映了在习近平新时代中国特色社会主义思想的指引下，临沂区域德育课程建设的新探索，对于其他区域的中小学德育课程建设的开展也具有一定的启发和借鉴意义。

　　党的十九大报告指出："社会主义核心价值观是当代中国精神的集中体现，凝结着全体人民共同的价值追求"，"经过长期努力，中国特色社会主义进入了新时代，这是我国发展新的历史方位"。从教育的角度看，这个新时代就是中国教育从大到强实现教育强国的新时代。可以说，建设教育强国是教育事业在中华民族伟大复兴中的新定位、新使命，也是新时代中国特色社会主义教育事业的新特征、新征程。《教育部关于全面深化课程改革　落实立德树人根本任务的意见》提出："大力弘扬中华优秀传统文化，把培育和践行社会主义核心价值观融入国民教育全过程。"因此，为了适应新时代建设教育强国的新要求，临沂教育工作者认真贯彻落实党和国家的战略部署与教育改革政策，甚干培养学生核心素养的要求，力求把"立德树人"根本任务落到实处，勇于创新德育新理念，创造性地开发新时代德育新课程，即"问题导向"的初中地方德育课程。这是临沂教育工作者适应新时代要求、建设教育强国的新行动。

习近平总书记提出："要有强烈的问题意识，以重大问题为导向，抓住关键问题进一步研究思考，着力推动解决我国发展面临的一系列突出矛盾和问题。"临沂教育工作者所开发与实施的"问题导向"初中地方德育课程，就是具有强烈的问题意识的表现，就是以学生普遍存在的问题为导向的，就是抓住学生所存在的关键问题进行研究思考、开拓创新与实践应用的，就是着力解决学生成长过程中的一系列突出矛盾和问题的。临沂教育工作者在调查研究的基础上，针对初中生成长过程中所存在的普遍性问题，结合教育教学实际，确定了对应社会主义核心价值观基本内容的15个德育主题，采取政府主导、行政推动、专家引领、专业实施的策略，发挥团队的创造力，统筹一线教师、校长和教研人员，组织了上百人的德育课程研发团队，充分利用各方面的优势，开发出了具有时代鲜明特色的临沂地方课程，很好地实施了"问题导向"初中地方德育课程，丰富了社会主义核心价值观进教材、进课堂、进学生头脑的内容和形式，营造了良好的育人环境，增强了育人效果。这一新创举，是培养学生核心素养的重要途径，有助于演绎社会主义核心价值观教育的精彩！

建设教育强国的新要求绝不是轻轻松松、敲锣打鼓就能实现的，它需要我们教育工作者付出艰苦的努力，扎实行动，驰而不息，久久为功，善作善成。开发与实施"问题导向"初中地方德育课程，这一行动研究，彰显着一种敢为人先的创新精神。"问题导向"初中地方德育课程改革，已成为临沂教育改革的新亮点，一定能够谱写临沂教育教学改革的新篇章！

实践没有止境，理论创新也没有止境临沂市"问题导向"初中地方德育课程，是区域德育课程建设的新探索。这种新探索体现了临沂教育工作者的气魄和胆略，体现了临沂教育工作者的责任和担当，也体现了临沂教育工作者的能力和智慧。这种探索已经取得了可喜的成果，希望临沂教育工作者继续发扬沂蒙精神，不断开拓创新，取得更多可喜的成果，以此惠及临沂的莘莘学子，造福沂蒙的父老乡亲，为办好人民满意的教育贡献更多的智慧和力量。

我们行走在课程改革的路上，每一次探索、每一个创新成果的获得，都倾注了广大同仁的智慧和汗水，凝聚着开拓者、奋进者的心血。《新时代德育新课程——"问题导向"初中地方德育专题课程研究与实践》和《新时代德育新课程成果——"问题导向"初中地方德育专题课程开发与实施》两本课程改革成果，无论在理论还是在实践等方面都具有较高的价值，为全省乃至全国中小学德育课程与教学改革提供了经验和范例，必将对培育和践行社会主义核心价值观、发展学生核心素养、落实立德树人根本任务产生重要影响。

2017年12月9日

（作者田慧生，教育部基础教育课程教材发展中心主任、中国教育科学研究院院长）

前　言

　　本书是教育部基础教育课程教材发展中心临沂课改示范实验区重点实验项目研究成果之一，由6章22节组成，内容涉及"问题导向"初中地方德育课程建设的方方面面，它的读者对象是全国基础教育课程综合改革实验区的实验学校校长和教师，以及所有关注、关心和研究中小学德育工作和中小学德育课程建设的人士。

　　临沂课改示范实验区从实验开始就高标准定位、高起点规划实验区各项实验工作，从为全国课改提供典型经验示范服务立意，认真落实临沂与教育部基础教育课程教材发展中心签署的战略协议，坚持项目引领，系统推进15个实验项目的课程改革，尤其是"问题导向"初中德育课程改革实验项目，聚焦学生成长过程中的困惑，紧扣立德树人的根本任务，培育和践行社会主义核心价值观，力求提升学生的核心素养，努力促进学生的健康成长。

　　2010年，党中央、国务院颁布了《国家中长期教育改革和发展规划纲要（2010—2020年）》，把育人为本作为教育工作的根本要求，坚持德育为先，要求立德树人，把社会主义核心价值体系融入国民教育全过程中，把培养什么人、怎样培养人作为教育首先回答的问题，这为我们今后的教育改革发展指明了方向；2012年11月，党的十八大要求把立德树人作为教育的根本任务，培养德智体美全面发展的社会主义建设者和接班人；2014年3月，教育部制定并出台了《教育部关于全面深化课程改革 落实立德树人根本任务的意见》，为全面部署社会主义核心价值观、培育和落实立德树人根本任务提出了明确要求。面对教育改革的新形势和教育新常态带来的新挑战，如何把中央精神和教育部的要求落到实处？如何正确回答"培养什么人和怎样培养人"的根本问题？如何破解错综复杂的教育系统难题、实现基础教育课程改革的突破？临沂市教育局确立了问题导向思维，占领立德树人课程改革制高点，力求完成立德树人的根本任务。

落实立德树人根本任务最直接、最有效的方式，就是德育课程建设。市政府、市教育局共同研究并作出了具有战略意义的抉择，把德育课程作为整个基础教育综合改革的重要突破口，使德育课程改革与中央正在推进的各项教育改革精神保持高度一致。这就使我们每个教育工作者都直面这样一个重大课题，这就是如何更好地践行和培育社会主义核心价值观，使社会主义核心价值观进教材、进校园、进课堂、进头脑，全面促进临沂百万学生健康成长，将立德树人根本任务落到实处。我们秉持"自上而下"和"自下而上"的改革发展原则，基础教育改革的任何一项决策必须从"人"出发，必须把"人"写进教育的核心。任何一项改革决策，只有坚持与学生的成长、教育实践发展紧密结合，才能做到有的放矢、取得成效。

德育改革自古以来就是一项重大难题，历来备受关注。选择德育领域进行改革，寻求突破，具有重大的引领意义。2013年5月，时任临沂市人民政府副市长的侯晓滨同志，一次到初中学校调研，发现学生上道德与法治课时背诵、抄写教材中的德育条文，学习一段时间后，和数学学科一样组织学生参加纸质考试，打上分数并分出等级。这一现象引起了侯晓滨同志的深入思考：学生美德难道是靠知识灌输、死记硬背形成的吗？显然不是！德育改革关系重大、意义深远。要深化教育综合改革，须首先从德育改革出发。

根据侯晓滨同志的指示和提议，我们立足临沂文化特点、教育发展优势和实际，在文献资料研究的基础上，主要选择生活德育理论作为理论依据，按照德育生活化逻辑、青少年成长发展逻辑和德育内在发展逻辑，从教情、校情和学情出发，研究确立了一项德育综合改革工程，取名为"问题导向"初中德育课程建设工程。我们首先着手研究确立"政府主导、整体规划，区域统筹、协同创新，专业引领、项目推进，建模创模、校本实施"的工作运行机制，并对"问题导向"德育课程建设进行顶层设计。同时，确立了"市域主导，校本推进""问题导向，主题统筹""专业引领，专题推进""聚焦成长，跨界研究"的"问题导向"德育课程建设推进工作思路，制定了德育科学研究规划和路线图，邀请国内知名德育专家亲临德育创新现场进行指导，对德育课程建设研究者、实践者进行多次培训。在市域层面上，我们分层组建德育研究团队，在全市遴选实验学校、实验教师，发动全市道德与法治课教师开展以校为本的调查研究。这样，一方面有利于聚集发挥市域人才优势和资源优势，容易形成研究成果并在全市范围内推广；另一方面针对全市各校不同校情，有利于做到有的放矢，形成可操作性强的教学成果。

我们聚焦青少年成长问题，系统设计德育调查问卷。在调研的基础上，我们认真分析未成年人思想道德教育现状，认真筛选学生所存在的各类德育问题。以青少年成长为主题，将各类德育问题以主题统筹方式整体推进德育改革，以利于教育问题的有效解决，确保教育改革的整体效益。针对初中生成长所存在的问题，我们提炼形成了包括孝敬、诚信、感恩、理想、责任、爱国、早恋、冲动与自控等15个德育专题。这些专题既符合国家德育课程标准，又符合青少年成长的阶段特点和实际，能有力地增强德育的针对性和实效性。

青少年是成长中的人，他们的人生观、价值观还不成熟、不稳定。"问题导向"初中德育课题的研究应持续关注青少年成长中的问题，聚焦青少年的健康成长，不断调整优化德育专题内容，使德育改革更加符合教育规律。同时，青少年成长教育问题不是单一的，而是涉及各个领域、各个方面的，对德育问题进行跨界研究，实现了德育课教学从"教课本"到"教生活"和"教人生"的转变，实现了德育课教学的根本转型。

聚焦学生核心素养发展，德育是最重要的领域。我们之所以优先选择初中德育课进行改革，是基于以下这些思考：把德育改革选定为学科统筹育人改革的突破口，是因为德育的改革最有普遍性，改革成功后的典型意义可在其他学科领域推广，起到举一反三的效果；同时，"问题导向"德育改革选择初中学段，是因为初中学段在整个基础教育起着承上启下和桥梁作用。况且，初中段学生处于人生观、价值观形成的关键期。我们以初中15个德育专题的课程教学改革为突破口，通过深化中小学德育教学改革，推广"问题导向"初中德育课程改革成果，探索建立现代德育教学改革机制。打破德育学科教学的学科化思维，实现德育教学从"教课本"到"教生活"、从学科逻辑向生活逻辑的转变，把培育和践行社会主义核心价值观融入学校教育全过程，切实增强德育的针对性和实效性。

经过五年的研究、实验、实践和推广，"问题导向"初中地方德育课程建设取得了一系列可喜的成果，成功研发出孝道、诚信、感恩、美好的友谊、责任的重量、何为爱国、沟通、在合作中成长、虚拟与现实、挫折之千锤百炼、冲动与自控、我的理想、从规则到法律、生命与敬畏、文明从礼貌开始等15个德育专题精品视频课程，同时，我们也提出了生长德育课程理念，构建了"问题导向"德育教学模式，出版了有关研究专著，发表了系列论文。在实践层面，一是学生的思想道德面貌发生了很大变化，大多数学生由原来不喜欢德育课到现在非常喜欢德育课和德育老师；学生由原来不懂感恩到知恩、感恩；孝敬父母的同学多了，主动帮助他人的同学多了，积极参加集体、社区活动的同学多了；校园里有网瘾的学生不见了……二是教师德育素养有了明显的提升，教师的教学水平有了进一步提高，教学活力有了进一步的增强，教学效果更加明显。三是学校管理变得更加轻松，许多学校形成了自己的新德育模式，学校管理变得更加人性化和柔性化，教育的亲和力更强了，德育实际效果更好了。

"问题导向"初中德育课程建设成果是一项颇具创新性价值的研究成果，它超越学科，超越学段，超越地域，成为全国教育创新典型案例，有利于推动德育课堂的根本转型。教育部基础教育课程教材发展中心副主任刘月霞同志对"问题导向"初中德育课程建设取得的成果给予了高度评价，认为这一创新案例填补了全国德育教学改革的空白，为临沂课改实验区深化教育综合改革提供了良好开端。

山东省委省政府、省教育厅多位领导同志，对本成果给予了高度评价。教育部基础教育课程教材发展中心副主任张国华同志代表教育部课程教材发展中心对临沂市"问题导向"初中德育课程建设成果给予了高度评价，他认为临沂市选择德育改革作为综合改革切入点和突破口，由侯晓滨副市长挂帅、局长主推、专业人员参与，以培育和践行社会主义核心价值观为核心的"问题导向"德育改革创新实践，体现了临沂教育工作者应有的党性修养和高尚的价值追求。

"问题导向"德育课程改革取得了初步的成功，它将为临沂市基础综合改革提供新的问题导向思维和新的工作方式方法，为全面深化教育综合改革提供了重要的参考借鉴。深化基础教育综合改革重点在深化，关键在综合。深入推进基础教育综合改革，如何实现德育改革的进一步深化？如何实现进一步综合？我们还在路上，任重而道远。

第一章
课程建设背景与依据

　　培养什么人和怎样培养人，是学校教育首先要回答的问题，也是教育的根本问题。落实党中央提出的"立德树人"根本任务，就要大力培育和践行社会主义核心价值观，必须把培育和践行社会主义核心价值观这一根本任务融入国民教育全过程中，而德育改革是落实这一根本任务的核心环节，德育课程改革是德育改革的重要内容。我们之所以把初中阶段德育课程改革作为地方德育课程改革的突破口，是因为初中阶段是人生观、价值观形成的关键时期。

　　德育针对性不强和实效性较差的现实状况，导致我们培育和践行社会主义核心价值观与预期效果相比还有差距。新时代生长德育新课程即"问题导向"初中地方德育课程的构建与实施，将核心素养落实在教育教学过程中，转化为学生自身的基本素质和能力，有效地解决了德育低效难题。可以说，德育课程建设对于落实立德树人根本任务、培育和践行社会主义核心价值观、丰富德育课程理论和实践具有十分重要的意义，也为解决价值观教育的现实困境提供了路径。

第一节 "问题导向" 初中地方德育课程建设背景

随着全球一体化、信息化和知识经济时代的到来，国与国之间的竞争最终是人才的竞争，而人才的竞争最终取决于教育发展的竞争。近年来，我国越来越重视人才培养，已把人才培养纳入强国战略。而教育是人才培养的基础，决定人才全面发展的水平和质量，其中人才的道德品质培养与发展是关键所在，但是，我们的教育中还存在着许多"重智轻德"的现象[①]，学校促进学生全面发展的效果不尽如人意。这给我们的教育事业带来了更多的机遇与挑战，迫切要求教育工作者在德育实效性问题的研究与解决方面狠下功夫。这需要我们不断革新德育，从学生生命的可持续发展出发，直面青少年学生成长中必然面对的道德困惑与问题，聚焦学生的核心素养，创新德育内容、德育方式和德育手段，不断增强德育的实效性，从而促进学生品德素养的提升和学生的全面发展，为人才培养奠定基础。

一、"问题导向" 初中地方德育课程建设是新时代的需要

党的十九大报告提出："建设教育强国是中华民族伟大复兴的基础工程。"中国特色社会主义进入了新时代，是中国教育实现从大到强、建设教育强国的新时代，是中国教育适应更高层次开放型经济、促进人的全面发展的新时代，是中国人民享受世界水平现代化教育的新时代，是中国教育更加自信地走向世界舞台中心的新时代。建设教育强国是教育在中华民族伟大复兴中的新定位、新使命，是新时代社会主义教育事业的新特征、新征程。

回顾新中国教育发展的历程，教育发展可以划分为四个阶段：一是穷国

---

① 曹瑞，孟四清，麦清.中学生德育环境状况的基本判断与建议——基于2011年全国中学生德育环境状况的调查与分析[J].思想理论教育，2012（22）：29-34.

办大教育阶段；二是大国办大教育阶段；三是大国办强教育阶段；四是强国办强教育阶段，即未来的现代化强国发展更强大的教育。总体上判断，我国教育发展正处于大国办强教育的发展阶段。

进入这一阶段，新时代中国教育发展面临的主要矛盾已经发生重要变化，人民日益增长的更高水平、更高质量和更加多样的教育需求与不平衡不充分的教育发展之间的矛盾已经成为教育面临的主要矛盾。教育发展已经从以规模增长为主要矛盾转化为以质量提升为主要矛盾的新阶段，必须主动适应新时代教育发展从大到强的新趋势、新特点和新需求，建立新的教育发展观、新的人才观、新的质量观、新的评价观，不断满足人民群众日益增长的对美好教育生活的需求。

适应新时代发展的要求，根据新时代中国特色社会主义教育发展的新定位，紧密结合实现国家现代化和社会主义现代化强国建设的新需求，我们启动构建了新时代生长德育新课程改革工程，重建新的教育观、新的德育观、新的德育课程观，切实推进中小学德育一体化改革，全面落实立德树人的根本任务。

二、人才培养模式改革呼唤德育课程革新

当今世界，国与国之间的竞争归根结底是人才的竞争，而人才结构中的价值观是人才的核心品质。在我国，实现价值观教育的基本途径是德育，通过德育建设实现对人才价值观品质的培养。由于种种原因，德育低效难题一直没有得到富有成效的解决，导致价值观教育效果不尽如人意，人才培养质量不能很好地适应经济社会发展的需求。

美国、日本、新加坡、英国、瑞典等国家都非常重视德育研究，德育实效性教育改革领域也取得了丰富的成果。在这些国家，曾出现过众多德育流派，如道德认知发展论、社会（道德）学习方法论、价值澄清论、情感德育论、社会（道德）行动体验方法论、人本主义论等。这些著名流派及其代表人物如科尔伯格、罗杰斯、皮亚杰、班杜拉、诺丁斯等分别从德育的不同元素、不同侧面、不同环节对德育进行了不同程度的研究，取得了一定的成

果。这些成果在解决德育低效的问题上发挥了积极有效的作用，对推进教育改革具有不可忽视的价值意义。

（1）科尔伯格的道德发展阶段理论认为，关键要把握好两个阶段的提问艺术。起始阶段主要是突出道德问题，把握好方向，促使认知冲突加深和避免学生回避实质性问题；深入阶段主要是精选问题，注重问题与角色的探索，引起学生深入思考。[①] 这些理论方法使德育从教育走向社会，具有划时代的贡献。

（2）价值澄清论主张，利用问题和活动帮助人们把评价过程应用到生活中价值丰富的领域，通过价值澄清使每个人正视、思考个人的价值问题，更好地整合他们的选择和行动，促进澄清技能的发展和自我指导能力的提高。[②]

（3）人本主义者致力于德育人性化，使学生正视道德问题，不仅使他们能对道德问题进行有效的思考，而且能够使他们"抱有问题"，直接面对现实道德问题，问题越重要，解决的意愿就越强烈，他们就越会参与讨论、努力分析，学习的效果就越好。[③]

我国被称为文明礼仪之邦，重视德育及其研究是我国教育的优秀传统，从古代的孔子、孟子、墨子到现代的陶行知等，都很重视德育研究。随着德育研究的深入，我国当代相继形成了情感德育模式、情境教育模式、审美体验模式等德育模式，这些模式分别从美德形成过程中存在的动力性、主动性、愉悦性不足等问题，提出了一系列富有开创性的独特见解，对于解决我国青少年成长过程中德育低效难题发挥了很好的引领与推动作用。

作为新时代的教育工作者，破解德育开展低效的问题，实行德育革新，我们责无旁贷。

目前，我国基础教育课程改革深入发展，课程管理实行国家、地方、学校三级课程管理体制，以增强课程对地方、学校及学生的适应性。国家鼓

① 郭本禹.道德认知发展与道德教育——科尔伯格的理论与实践[M].福州: 福建教育出版社,1999.

② 安钰峰.托马斯·里可纳的品格教育思想——兼谈美国中小学的品格教育[J].道德与文明, 2005（5）: 63–66.

③ 王凡.当代西方主要发达国家学校德育的历史轨迹及发展趋向[J].全球教育展望, 2004（8）: 24–27.

励地方课程建设部门根据当地的政治、经济、文化发展需要和学生的成长需求，开发体现当地历史文化优势和教育发展实际的地方、校本课程。地方德育课程是国家德育课程的有益补充，得到了各地教育部门的重视，各地形成了具有不同地域特色、反映当地传统文化的地方德育课程与教材。临沂市作为山东省的教育大市之一，高度重视地方课程建设，充分挖掘当地传统文化、历史文化、革命文化、现当代文化等丰富的德育课程资源，开发出了具有鲜明临沂特色的德育地方课程，有效地破解了德育开展低效的问题，促进了区域教育质量的大幅提升。

三、落实立德树人根本任务要求德育改革

《国家中长期教育改革和发展规划纲要（2010—2020年）》把坚持"德育为先，能力为重，全面发展"作为未来教育发展的战略主题，指出要把社会主义核心价值体系融入国民教育全过程中。党的十八大首次把"立德树人"写入会议报告，将其明确作为我国教育的根本任务。党的十八届三中全会通过的《中共中央关于全面深化改革若干重大问题的决定》明确提出"全面贯彻党的教育方针，坚持立德树人"，并就学生德智体美等全面发展提出明确要求。党的十九大进一步提出"要全面贯彻党的教育方针，落实立德树人根本任务，发展素质教育，推进教育公平，培养德智体美全面发展的社会主义建设者和接班人"。

党的十八大提出"倡导富强、民主、文明、和谐，倡导自由、平等、公正、法治，倡导爱国、敬业、诚信、友善，积极培育和践行社会主义核心价值观"，明确要求把社会主义核心价值观融入国民教育全过程中。2014年3月，教育部印发了《教育部关于全面深化课程改革　落实立德树人根本任务的意见》，首次提出"核心素养体系"概念。聚焦核心素养就是把立德树人作为根本目标，聚焦人才培养的关键点，为学生提供可持续发展的、终身受用的关键品格和能力。它把全面发展的总体要求和社会主义核心价值观细化为具体的品格要求和能力要求，进而贯穿到各学段、融合到各类课程当中。培育和践行社会主义核心价值观的内容、方法和路径，为落实社会主义核心

价值观、构建学生发展核心素养指明了方向。

2015年5月，山东省教育厅印发了《山东省中小学生德育综合改革行动计划（2015—2020年）》，计划用5年左右的时间，形成与教育现代化相适应、富有山东特色的德育工作机制，构建起大中小学各阶段纵向衔接、各学科教育横向融通的德育课程体系，有效整合家庭、学校、社会教育资源，同步推进中小学共青团、少先队工作，形成全员育人、全程育人、全方位育人的德育工作新格局，德育工作的针对性、实效性和科学化水平进一步提高，全面提高中小学生的道德素养。

总之，"问题导向"初中地方德育课程建设完全符合当前我国德育改革政策的要求，契合了当前中小学德育改革的方向，有助于立德树人根本任务的贯彻落实，对于推动我国基础教育综合改革，促进学生核心素养形成和学生全面发展，促进拔尖创新人才培养，具有重要的现实意义和深远的历史意义。

四、德育内在规律迫切需要德育课程改革

我国正处在社会转型时期，价值多元化给德育改革带来挑战与机遇，要求每位教育者积极探索德育的内在发展规律，认真研究和努力破解德育实效性问题。习近平总书记也曾明确提出："要有强烈的问题意识，以重大问题为导向，抓住关键问题进一步研究思考，着力推动解决我国发展面临的一系列突出矛盾和问题。我们中国共产党人干革命、搞建设、抓改革，从来都是为了解决中国的现实问题。可以说，改革是由问题倒逼而产生，又在不断解决问题中得以深化。"习近平总书记重要讲话精神为学校德育改革、形成具有理论价值和实践意义的德育创新成果指明了方向。

在调查研究和充分论证的基础上，我们基于学生日常生活与学习行为中存在的成长问题，确立了"问题导向"初中地方德育课程开发与实施研究课题，坚持问题导向，实施德育课程改革。这就要求"问题导向"初中地方德育从学生生命出发，着眼学生生命质量的提升，关注学生的成长，聚焦学生成长中的关键问题和教育者自身育人素养问题，以课程的视角，整合创新德育方式，不断增强德育实效性，促进学生道德生命、道德智慧的提升和学生

的可持续发展。

什么是道德？道德是人类共同生活及其行为的准则与规范。人类社会作为一个群体，共同生活和行为的准则与规范就是道德。[①]一个人有没有道德、品德怎么样、有没有违反大家共同的价值准则，主流的价值认同是起决定作用的。

一般来讲，做人与做事同样重要。培养一个人，培养全面发展的人、对社会有贡献的人，大家都公认品德方面的培养比智力、才华等方面的培养更为重要。现在单位用人也是讲"德才兼备"，把"德"放在前面。

在以15个德育专题教育为主要内容的"问题导向"初中地方德育课程中，每个专题都是道德教育的核心内容，体现了这个专题所代表的价值观教育内容，可以说"问题导向"初中地方德育课程聚焦学生核心价值观教育，做好这15个德育专题的教学就基本上凝聚起学生整个人生阶段的品德教育体系。

一个人美德的形成一般经过知、情、信、意、行等多环节，是这些要素交互作用的结果。这一复杂过程要遵循道德形成的规律，任何漫无目的、内容空泛、不能触动心灵的随意行为，很难形成学生的优秀品德。

美德的培育有明显的阶段性（年龄段）特征。青少年阶段是世界观、人生观、价值观定型的时候，对人的一生发展最为重要。人的成长有阶段性特征，什么阶段（年龄段）学什么本领最有效，而价值观定型主要就在青少年时期。小学时都是一群天真烂漫的孩子，有毛病也是小毛病，而在青少年时期就基本定型了，等到20岁、30岁再想通过各种方法去改变，效果也不会太明显。所以，在中学阶段着重加强德育至关重要。

初中阶段是每个人一生发展的关键阶段，这一阶段的教育任务要围绕立德树人根本任务，正确把握德育的科学定位，从道德教育的针对性和实效性出发，立足临沂实际和青少年思想道德教育的实际，确立"德育问题化、

---

① 宋玉良，苗成彦."立德树人"何以取得实效——以临沂"问题导向"德育地方课程研发与实施为例[J].当代教育科学，2015（14）：31-35.

问题专题化、专题课题化"的德育研究新思路，通过开发"问题导向"初中地方德育课程，让德育回归生活、回归本真。"问题导向"初中地方德育课程每个专题内容的教育及其教学方式，符合道德形成需要，经过"知情信意行"复杂环节，反复感悟，反复体验，反复提炼升华，符合学生身心发展特点和学生品德形成的规律。

第二节 "问题导向"初中地方德育课程建设价值

德育是最需要创新也是最应该创新的一个教育领域。面对青少年思想道德教育的现状和问题，革新德育的重任自然落在了每位教育者身上。创新德育教育的根本目的就是回归教育之本，告诉学生做人之道，做一个对社会有贡献的人、有用的人。新时代学校德育目标如何定位，"问题导向"初中地方德育课程如何定位，直接关系到德育实效性如何增强的问题。

一、德育方式转型的需要

为什么德育课不太受学生欢迎？为什么我们的中小学德育实效性不强？通过调查分析，发现现行德育课程还存在这样或那样不尽如人意的地方。概括起来，主要存在以下几个方面的问题。

一是德育目标定位有问题。德育目标是培养学生具备什么样的德性，最终目标是将学生培养成有理想、有道德、有文化、有纪律的"四有"社会主义事业的建设者和接班人。但在教学实践中，开始就确定"高大全"的理想目标，学生们并不容易接受，有的甚至会排斥。为什么？这里面存在脱节的问题。学生可能还不具备一些基本的道德素养，如诚信、守法、感恩等，还可能会出现撒谎、打架斗殴等问题。在这种情况下让他们为共产主义理想奋斗终身，这可能吗？所以，我们应对德育目标的定位进行细化，分为基本目标、近期目标和最终目标。基本目标是遵守法律；近期目标是先把一些基本道德素养建立起来，让学生先成为一个对社会有价值的人；最终目标是建立起社会主义理想信念。这样循序渐进，可能更容易让学生接受。特别是从当前青少年学生中存在的一些突出问题出发，通过教育学习，着手解决这些共性的突出问题，帮助学生建立起最基本的道德价值体系，这应该是当前道德教育亟需突破的。

二是德育方法有问题。说教式的教育方法已过时。现在的孩子知识面、接受的信息量远远大于过去。现在的孩子要看，要想，要思考。因此，德育一定要从实际出发，实事求是，与社会现实接轨。在教育方式和教学方法上，要深入开展研究，借鉴高等教育与初等教育中的视频教学、案例教学、主题式教学等成功经验。[1]我们现在是怎么做的呢？照本宣科、我讲你听、公布标准答案、考试前死记硬背，这是在进行道德教育吗？这是强化知识记忆的一些方法，而不是道德教育的方法，显然会与学生的实际需求脱节，当然不会受学生欢迎。此外，还要多运用鼓励的方法，当然该批评的也要批评，只要有道理，是真正出于关心学生的目的就没有问题，因为现在的孩子相比过去的要成熟得多。

三是德育方式有问题。德育课应是最难上的一门课。在中学阶段，语文、数学、物理、化学等科目的知识更新不是很快，唯有德育所面对的形势每时每刻都在变化，现在经常说"差三岁就有代沟"，就是指青少年学生的思想、认识变化很快，价值认同有很大不同，这就要求德育课老师每时每刻都要进行知识更新，所以在教学内容上要主动更新，积极适应青少年思想变化的情况。而现在的教师大多比着教材照本宣科，道德、心理健康、法律、国情、政治、经济、文化、生活、哲学面面俱到，要求学生背下要点准备考试。有的考试题目甚至就是"为什么要好好学习？"有几个标准答案，漏答一个要点扣几分，这不是德育，不是培养人的品德的教育。德育课在教学内容上确实存在问题，而现实中学生们经常犯的错误，应该掌握的基本的

---

① 李中国，黎兴成. 我国高校教师教学研究的热点状况分析——基于2005—2015年CNKI文献的共词分析[J]. 教育研究，2015（12）：59-66.

道德、法律常识，却并没有作为德育课程的重要内容让学生们真正掌握。如有些法制节目报道，某些违法犯罪的青少年被抓后就问警察："什么时候放我出去？"其实他犯的是一些将会判10年、20年的罪，但他觉得不是多大的事。你没有给他正确的教育，没有告诉他什么是不该做的、法律底线在哪里、违反了法律会受到什么惩罚，他自然会觉得这都是无所谓的事，因为他不知道社会的规范和法律的底线，大家要重视这个问题。

德育内在发展规律和学生品德成长规律要求我们的德育教育实现转型，要求在教学实践中遵循循序渐进规律，同时，在教育方法上要借鉴视频教学、案例教学等好的方法，要改变照本宣科、老师讲学生听、公布标准答案、考试前死记硬背等道德教育现状。因为强化知识记忆的方法，不是道德教育的方法，与学生的实际需求脱节，当然不会受学生欢迎。由于青少年学生的思想、认识变化很快，价值认同有很大不同，这就要求德育课老师每时每刻都要进行知识更新，在教学内容上也要主动更新，积极适应青少年思想变化的情况。因此，德育要不断变革转型，适应青少年成长需求和人才培养模式的需求，不断提高德育实效和育人质量。

二、落实立德树人根本任务的需要

纵观社会现实，青少年普遍存在"对人不感激、对事不满意、对物不怜惜、对己不严格"等问题。[1] 我们结合临沂地域特点和沂蒙文化传统，以学生日常学习、生活行为中存在的道德问题为导向，经过深入调查研究，形成体现地域特点和当地青少年成长特点、规律的"问题导向"初中地方课程体系，有利于解决临沂地区青少年成长过程中遇到的普遍性问题，也为相同地域中小学德育研究提供范例。

1. 中小学思想道德教育实际效果不容乐观。

德育实效问题是一个世界性的教育难题。针对传统德育目标过高过大、内容"大而全"、德育实效低下的弊端，2013年3月，我们对临沂市中小学学

---

① 刘慧，张玉梅，苗成彦.实施"问题导向"德育培育学生核心价值素养[J].中小学教师培训，2015（10）：67-70.

生思想状况进行调研。调研结果显示，学生思想道德现状普遍存在以下问题：理想信念模糊，缺乏远大目标或目标不明确；学习目标意识较弱，方向性不明确，缺乏主动性，部分学生存在厌学情绪；社会公德意识较为淡薄，责任意识、法治意识、感恩意识、团队意识不强；生活自主能力较差，不爱劳动，虚荣心较强，勤俭节约意识不强；受网络影响较大，存在沉迷网络和手机的现象，影响学习和身心健康发展；人际交往能力不强，沟通能力、合作意识不强，与老师、父母沟通少，与同学交往容易走极端，自闭、小团体主义不同程度地存在；吃苦精神较差，承受挫折能力差，自私自利心理较重；集体主义较为淡薄，国家观念不强，民族自尊心和自豪感缺乏正确引导，容易走极端；青春期心理反应较强，逆反心理较强，表现欲望较强，容易冲动，有早恋现象等。

2. 传统德育课程和方法不能满足学生成长的内在需求。

研究发现，传统德育课程和德育实施方法不能满足学生的内在需求，主要存在以下问题：

一是初中德育课程内容与学生实际脱节。德育内容空泛，缺少预见性，没有根据中学生不同阶段思想品德发展的规律形成层次，与中学生的接受能力不相符。课程标准设置的内容大而全，知识性的内容偏多，而有些教材内容又过于单一，教育和引导功能不强，使德育无法达到预期效果。

二是学校德育工作针对性不强。部分老师及学生家长不了解、不理解当代中学生，不能结合时代特点和中学生的思想状况有针对性地开展教育工作。

三是中学德育教育形式单一，实效性差。由于学科知识增加，中学生开展各种活动的时间比小学生少得多，德育主要通过课堂进行。目前的德育课堂教学仍然以教师讲授、学生记忆为主，说教多，示范引导少，缺少互动环节和情感共鸣。虽然部分课堂引入了案例教学等环节，但往往都是正面典型示范、反面典型警示，不利于学生是非观的培养。

四是中学德育课堂主渠道作用发挥得不够。中学德育教学不能很好地回答学生所关心的实际问题，道德与法治课多数为纯粹的知识教育课甚至是应试教育课，不注重思想道德上的训练，常常灌输一些枯燥的理论，让学生记忆背诵，把道德与法治课上成了纯知识理论课。在各科教学中，学科教师并没有很好地承担起对学生进行德育教育的责任，即使渗透德育，也存在生硬结合现象，将德育与知识传授分割开来进行，不仅收不到德育的实效，反而让学生更加反感。

3. 德育力量不能很好满足德育改革的需要。

德育效果如何，教师队伍素质的高低起着关键作用。调研发现，临沂市在德育师资队伍建设方面，存在教师德育素养缺失或不够高，德育师资力量不均衡，德育教学城乡差距、校际差距较大等问题，导致学生的思想发展也出现明显差异。

由于长期存在德育误区，家庭、社区与学校对德育不够重视，导致德育不能形成合力，德育整体力量薄弱，德育一直行走在单行道上，社会主义核心价值观教育不能有效落实，无法取得令人满意的效果。"问题导向"初中地方德育课程建设的重要任务，就是要加强基于教师标准的教师队伍建设，特别是德育教师队伍建设、家长和社区人员的德育专题培训，确保德育改革的效果。

以上问题的存在要求每位教育工作者努力增强使命感，加强对中学生思想道德状况和德育实践中普遍存在问题的深度思考，对德育改革有所作为，不断增强德育实际效果，确保把立德树人根本任务落到实处。

三、促进人的全面发展的必然要求

中学生是成长中的人，价值观正在逐步形成，对社会中不良行为还会有一定的模仿欲望，好奇心、盲目从众等心理比成人更严重。因此，道德教育有必要打造适合中学生道德形成的专题，让某种品德深入学生的内心，逐渐形成美好的品格。针对青少年成长中普遍存在的道德问题，临沂市教育局对照社会主义核心价值观教育要求，研究制定"问题导向"初中地方德育课程开发实施方案，从国家、社会和个人三个层面落实社会主义核心价值观。

基于青少年思想道德成长中存在的问题和中学生思想道德发展规律，

"问题导向"初中地方德育课程要突出课程专题化的特点。因为专题化避免了内容的分散、无序、不系统，让德育更全面，更具操作性，更广泛、深入、有效地弥补了学校德育工作的不足，成为学校德育的有益补充。专题的形成要遵循学生的认知规律，做到循序渐进，让学生在学习的过程中完善自我、丰富自我，初步深化道德修养；专题的形成还要符合学生的心理发展特点，当学生的品德容易出现问题的时候，适时的品德教育就是学生发展的甘霖，对学生的成长起着不可替代的作用；专题的形成还要有一定的形式，让学生喜闻乐见，激发学生的兴趣，调动学生参与的积极性，这样才能寓教于乐，让学生在轻松活泼的状态下接受教育，形成一定的情感态度和价值观，从而促进学生的全面发展和可持续发展。

第三节 "问题导向"初中地方德育课程建设依据

一个地区、一所学校要办好教育，必须始终把德育放在首位，坚持德育为先、育人为本的方针，整体推进素质教育改革。近年来，临沂市中小学德育工作条件不断改善，德育内容不断拓展，德育活动不断丰富，德育网络不断完善，德育实效不断增强，未成年人思想道德建设成果显著。但在实际工作中，德育建设也遇到了一些困难和问题，全市中小学德育工作特别是初中德育教学还面临着许多挑战，迫切呼吁德育课程改革，以更好地满足青少年思想道德发展的需求。

一、基于德育课教学发展规律

"问题导向"初中地方德育课程遵循青少年身心特点和成长规律，有利于整体构建大、中、小学有效衔接的德育课程体系和教材体系，对中小学德育课教学进行创新，确保社会主义核心价值观进教材、进课堂、进学生头脑，把"立德树人"根本任务切实落到实处。

1. 德育课教学要主动适应学生良好品德形成的需要。

道德与法治课是学校德育的主渠道。就目前而言，由于多方面的原因，很多学校的道德与法治课在德育工作上存在一些问题，对此我们进行了深度思考，试图从理论和实践的多个维度进行探索，实现品德教育的新突破。

"问题导向"初中地方德育课程所要解决的问题，从根本意义上说，就是立德树人的问题。就学科德育而言，我们将道德与法治课教学存在的问题概括为"四重四轻""三个不适应"和"四个不能"等。

所谓"四重四轻"，首先是重智育轻德育，其次是重知识轻能力，再次是重课堂教学轻社会实践，最后是重整体规范轻个体体验。所谓"三个不适应"，不适应青少年身心发展的特点，不适应社会生活的变化，不适应推进素质教育的要求。

就"四个不能"而言，首先是不能很好地根据青少年学生身心特点和认识规律开展德育工作，存在着成人化倾向；其次是不能很好地根据国内外形势的新变化、教育改革和发展的新任务以及青少年思想教育工作的新情况，有针对性地对学生进行教育；再次是不能很好地将校内教育与社会实践、家庭教育密切结合起来；最后是不能很好地将知识传授与行为养成密切结合起来。这将导致学生知与行的发展不平衡，从而使两者相互制约，影响学生良好品德的形成。

2. "问题导向"初中地方德育课程让价值观教育走出困境。

在传统的以课程标准和学科知识为主的德育体系中，德育课程的主要教学内容是优秀的道德品质本身，内容和形式单一，不能使品德与价值观教育有的放失，而"问题导向"初中地方德育课程将"培养社会主义合格建设者和接班人"这一教育目标细化，把德育目标具体化为每一个年龄段应该达到的较为精细的目标，增强了德育的针对性和可操作性。在生长德育理念引领下的"问题导向"初中地方德育课程，将道德、价值与未来社会所需要的能力素养结合起来，更有助于促进教师和学校德育课程的具体化，增强了课程育人的活力，提高了德育的实效性。

在传统意义上，德育只是道德与法治课这一门学科的任务，实际上，品德和价值观教育不能也不应该排除在各科学习之外。语文、数学、科学、艺术课程的教学过程，也能够实施德育和美育，从而促进学生的全面发展。"问题导向"初中地方德育课程不以学科知识体系为建构核心，而是以学生终身发展和社会对学生的期望为目标，这样的价值引导能够促成学生知识、技能、情感、态度、价值观的统一，发挥学科育人的作用。不仅如此，"问题导向"初中地方德育课程也与生活相对接，使品德与价值观教育更好地和其他学科融为一体，实现学校教育、家庭教育和社会教育的一体化，促进学生的全面和谐发展。

品德和价值观教育是一个循序渐进、一脉相承的过程。在传统意义上，每个学段都有德育目标，而这些目标没有严格的顶层设计将其统一起来，造成当前德育"倒挂"现象的出现。从发展学生核心素养出发进行德育课程建设，就是要统筹品德与价值观教育的目标，将其细化进不同年龄阶段，按照青少年的身心发展规律，使每个年龄段在某一道德品质或素养方面得到应有的发展。

二、基于优秀文化基因

党中央提出要大力弘扬中华优秀传统文化，但如何才能真正地弘扬优秀传统文化呢？我们认为，只有继承和充分挖掘、提炼优秀传统文化蕴含的当代道德教育价值，形成序列化价值教育内容并进行有效教育，才能有效落实立德树人根本任务。每一个地区都有自己独特的地域优势和传统文化优势，弘扬优秀传统文化更要立足于当地文化资源优势，挖掘其蕴含的德育价值因素，形成适应当地青少年健康成长需求的德育课程内容和教育方式，真正发挥课程育人的功能。

（一）"问题导向"初中地方德育课程资源建设的顶层设计

临沂市拥有独特的文化资源优势和丰富的德育课程资源，在德育课程改革方面显现出一定优势，因此在开发利用优秀传统文化资源方面还有很大空间。临沂市教育局按照立德树人的要求，从临沂区域历史渊源、经济、政治、文化、社会等实际出发，聚焦核心素养和核心价值观培育，不断挖掘、丰富临沂市德育课程资源，架构起具有临沂特色的地校结合的德育课程。为此，临沂市教育局按照创办"临沂特色、国内一流、世界水平"的现代教育愿景，遵循"上呼天，下着地，科学规划，分步实施"的原则，坚持"问题导向"策略，系统规划，整体推进德育课程建设工程。

1.临沂文化具有独特的德育优势。

临沂是历史上著名的文化名城，是东夷文化和凤凰文化的发祥地，建城距今已有2 500多年。这里诞生了教育哲学文化、书法文化、军事文化、科技文化。临沂丰富的德育课程资源集中体现在"五圣七孝十三贤"上，体现在临沂的英雄文化、沂蒙精神这些宝贵的财富之中。如何让这些丰富的德育课程资源得到进一步开发和充分利用，使中华优秀传统文化在德育课程改革当中得以传承、得到弘扬，成为临沂课程改革重要的特色，也成为临沂课程改革所塑造起来的教师和学生的精神血脉，需要社会各方面的共同努力。

我们知道，建设与学校办学目标、学生需求相匹配的课程资源，更多地承载起学生生命发展、个性发展的重任，需要科学规划，实施顶层设计。

建设德育课程要基于传统文化底色，临沂在研发具有孝贤、友善、仁爱等内容的德育课程方面，具有得天独厚的优势。临沂是孝贤之乡，"五圣七孝十三贤"就是其中的代表。宗圣曾子、智圣诸葛亮、书圣王羲之、算圣刘洪、大书法家颜真卿等历史文化名人都出生和成长在这里。临沂市兰山区是王祥故里，白沙埠小学发掘"孝圣王祥"文化资源，开发"新孝道课程"，凝结了"孝亲贤、友天下、书春秋"的办学理念，构建"孝"本课程、打造"孝"园环境、创新"孝"道活动、开展"孝"题研究，使新孝道教育活动走向深入。

临沂市兰陵县以县域为单元开发了县校结合的"荀子文化"，临沂市教育局开发了"书法文化""沂蒙文化"等地校结合的区域特色课程。这些优秀的文化资源和先期研究的成果，都为"问题导向"初中地方德育课程的开发提供了依托和参考。[1]

2.临沂红色基因蕴含独特的道德精神教育资源。

临沂是沂蒙革命老区，在抗日战争、解放战争中诞生过许许多多感天地、泣鬼神的动人故事，曾经孕育出沂蒙精神这个伟大的精神财富。以"爱党爱军，开拓奋进，艰苦创业，无私奉献"为内涵的沂蒙精神是中国共产党的宝贵政治资源，也是基础教育综合改革尤其是德育课程综合改革的重要资源，挖掘蕴含其中的价值观教育资源，对于推进素质教育、改进德育工作具有十分重要的意义。临沂各县区借助沂蒙文化优势以不同形式开发德育课程，形成了卓有成效的研究成果，为"问题导向"初中地方德育课程改革提供了可资借鉴的参考。

沂南县以县域为主导，充分发挥山乡本土资源的优势，推进红色教育特色校本课程建设，成效显著。代表性的有双语实验学校的红色励志课程、依汶中学的刻瓷课程、将军小学的将军精神课程、马牧池小学的沂蒙精神课程、岸堤小学的希望课程。这样，沿线区域内地理、历史、政治、经济、文化等多方面多角度的综合特色得到了弘扬。

孟良崮实验学校以孟良崮战斗遗址、《跟着共产党走》诞生地、抗大一分校旧址、战工会、沂蒙母亲、沂蒙红嫂等为载体，开发红色文化教育校本课程。马牧池小学（红军小学）结合具有本地优势的红色文化资源，在课程内容中安排了"沂蒙精神"、"铁血沂蒙"和"红嫂传人"等主题活动。针对课程的德育和美育功能，课程安排了"可爱的家乡与红色遗址图片欣赏""民歌与红歌"等主题内容。针对培养学生健全人格和积极向上的生活态度这一目标，课程安排了"励志人生""红色运动""红色体验"等主题内容。

在市域层面，临沂还开发了地方课程《沂蒙精神教育读本》（初中、小学两本）。基于红色基因的校本课程建设工作的推进，能直接为"问题导向"初中地方德育专题课程研发提供资源和依据，可通过德育专题课程研发

---

① 李守明.守望教育的理想［M］.北京：人民出版社，2008.

激励学生对故乡的历史、文化的延续与发展产生认知兴趣，感悟本土文化的政治、历史价值和现实意义，养成爱国、爱家的情感、情怀，形成正确的世界观、人生观和价值观，为培养具有综合素质的合格公民奠定基础。

（二）时代精神为"问题导向"初中地方德育课程增添了新时代价值教育内容

现在，我们正处于科学技术高速发展、知识信息爆炸和物质财富极大丰富的时代。一方面，科技和信息技术的发达让我们插上了科技的翅膀，使原来许多遥远的梦想变成了现实；另一方面，我们身处虚拟时代，深感存在很多危机和问题，既感到个体解放，又感到孤独无依，缺乏安全感。总而言之，这个时代使我们既享受着高科技和信息技术带来的红利，也在不同程度上使我们遭受着环境恶化、人性堕落带来的后果。

对于这样的时代和社会，我们要保持清醒的头脑，弘扬主流的核心价值观，把握好中学生健康成长所需要的道德素养内容，科学确立道德教育专题，加强对青少年科技道德、信息道德、交往道德和公共精神的培育，如加强手机网络道德、虚拟世界道德、环保道德教育等。

（三）临沂独有的沂蒙风土文化蕴含生活化德育资源

"敦厚清醇，古朴典雅"的沂蒙风土文化是"问题导向"初中地方德育课程和校本课程建设的宝贵课程资源。

临沂素有"八百里沂蒙"之称。这里钟灵毓秀，人杰地灵。千百年来，勤劳、勇敢、善良、智慧的沂蒙人民在这块热土上繁衍生息，创造了灿烂的民间文化。优越的地理环境、富饶的物产、淳朴的民风、多彩的民俗，与神奇的沂蒙构成一幅美丽的画卷，凝结为别具特色的沂蒙风土文化。

一是别具魅力的地理文化。蒙山具有独特的秀丽风景，她拥有"七十二峰"，历史上称为东蒙，孔子有"登东山而小鲁"之称。"崮"，是沂蒙山区特有的一种地貌景观，有沂蒙"七十二"崮之称，形成了独特的地理文化。沂河是"沂蒙的母亲河"，临沂境内另有沭河、汶河、蒙河、柳青河、祊河、涑河、孝河等3 000多条河流。

二是富饶独有的沂蒙物产。沂蒙山区历史悠久，物产丰富。沂蒙特产有苍山大蒜、平邑金银花、沂蒙全蝎、沂蒙茶、郯城银杏、蚕茧、花生、果品、黄烟等。沂蒙名吃有八宝豆豉、临沂糁、沂蒙煎饼、兰陵美酒、沂蒙丰糕等。

三是意蕴深厚的非物质文化。曲艺有乐舞、柳琴戏等，民间工艺有琅琊草编、沂蒙香荷包、沂蒙布鞋、沂蒙刺绣、沂蒙剪纸等。

这些宝贵的资源和富饶的物产，将激发人们热爱家乡、热爱生命、热爱自然的高尚情感。这些财富为开发具有本土化、乡土化、民俗化的德育课程提供了丰富的资源和可靠的保障。

三、基于生活德育理论

生活德育专家高德胜认为，生活是人的生活，生活不能没有道德。道德不仅仅是生活的规则，追求道德也是人的精神需要。道德是生活中的道德，道德离不开生活。生活的过程就是人从事道德学习的过程，因此生活与道德是一体的，生活是道德得以生长的土壤，离开了生活，道德是无法进行"无土栽培"的。生活德育论旨在通过道德的生活来学习道德，真实有效的德育必须从生活出发，在生活中进行并回到生活中去。

从生活出发的德育以人的生活经验为德育的起点。从生活出发，既要求从儿童生活的整体出发，从儿童发展的所有方面出发，也要求从儿童与环境的互动出发。从生活出发的德育不是将德育消解在生活里，而是以生活为依托，从儿童生活中遭遇的、体验的社会性、道德性的问题为自己的切入点。

在生活中进行是指德育在什么环境中展开的问题。在生活中展开的德育，要以生活世界为坚实的依托，是在所有生活中展开的。在生活中展开的德育，其主体与素材来源于生活。个体在生活中所遇到的社会性、道德性问题以及由此引发的道德需要是面向个体的德育主题得以确立的依据，群体生活中所遇到的带有共性的道德问题是确立面向群体的德育主题的依据。生活中遇到的社会性、道德性事件和问题是德育的具体的、丰富的素材，这种德育不需要假设的逻辑性的其他东西。在生活中展开的德育，其过程与生活过程相一致。既然生活是德育出发的地方，也是德育不可避免地要回归的地方，那么，回到生活且高于生活，用美好的生活引导一般的生活，使人过上善而美的生活，是德育的终极目标。

因此，"问题导向"初中地方德育课程建设首先要坚持生活化原则，以问题为导向，对问题的设计贴近学生、贴近生活、贴近实际。德育专题要来源于生活、通过生活、为了生活，解决学生成长中遇到的困惑与问题，既关注学生当下的生活，又关注学生未来的生活，围绕学生在生活实际中存在的问题，坚持正面引导，帮助学生理解和掌握社会生活中的思想要求和道德规范，通过思考、回答问题，实现学生自我完善的品德修养。其次，问题的设计要符合学生的最近发展区，让学生通过思考受到启发，"跳一跳可以摘到桃子"，通过回答问题提升自我。最后，问题的设计要面向全体学生，让不同层次的学生都能感受到问题，不因学习成绩的差异而有所区别；问题的设计还要有渐进性，方便老师做到循循善诱，引导学生品德进步发展。

总之，德育课程改革要坚持"问题导向"的思路方法，通过德育课程的综合改革，有效破解德育低效的难题，把立德树人根本任务落到实处。

第二章
课程理念与目标

　　"问题导向"初中地方德育课程是由课程建设理念、课程内涵特征、课程建设原则、课程建设目标等构成的德育课程系统。从课程建设理念看，"问题导向"初中地方德育课程由生长德育观的内涵及特点、生长德育观提出的理论依据、生长德育观对德育课程建设的意义等组成；从课程内涵特征看，"问题导向"初中地方德育课程由课程的概念、内涵、基本特征以及它与道德与法治课程的关系组成；从课程建设原则看，"问题导向"初中地方德育课程由思想性原则、主体性原则、真实性原则、针对性原则、趣味性原则、参与性原则、灵活性原则、适切性原则、渐进性原则、特色性原则等十大原则组成；从课程建设目标看，"问题导向"初中地方德育课程由课程总体目标、课程研发目标和课程实施目标组成。

第一节 "问题导向"初中地方德育课程建设理念

课程理念表达的是"课程应该是什么或可能是什么"的旨趣。明晰的课程理念体现了课程建设者对自身课程使命的价值判断，是决定课程建设水平的重要指标。德育理念是指人们对学校德育的理性认识，主要包括德育思想、德育观念、德育主张和德育信念等。[1]德育理念多种多样，如和谐德育理念、生态德育理念、民主化德育理念、整体性德育理念、后现代德育理念、终身德育理念、人本化德育理念、生活化德育理念、主体性德育理念、主知主义德育理念、主情主义德育理念、主行主义德育理念、制度德育理念等。在"问题导向"初中地方德育课程的构建与实施过程中，我们也尝试提出了自己的德育理念——生长德育观。

一、生长德育观的内涵及特点[2]

本课程的核心课程理念是生长德育观。所谓生长德育，是指以学生的生长为根基，关心、关注学生的生长，以解决学生生长中的问题为重要抓手，以促进学生健康、快乐、和谐、智慧生长为重要目标，旨在提高学生生长品质和生长质量的德育理念。这一德育观有以下几个特点：

第一，以学生的生长为根基。生长德育以学生的生长为根基，就是为了完成"立德树人"这一教育的根本任务。课程改革是人才培养体制改革的关键。多年的课程改革实践证明，抓住了课改，就抓住了育人工作的"牛鼻子"。只有通过进一步深化课改，扫清人才培养的重大体制、机制障碍，才能真正有效落实立德树人的根本任务。"问题导向"初中地方德育课程建

---

① 熊孝梅.中学生思想道德素质的实证研究[D].武汉：华中师范大学，2013.

② 施建英."生长德育"在思言[M].上海：同济大学出版社，2017.

设，就是通过课程改革来完成立德树人这一根本任务的。

第二，以打造促进学生生长的德育课堂为标志。生长德育关心、关注学生的生长，就是要着力打造促进学生生长的德育课堂。这样的课堂，其目标不仅是学生知识的增长，而且是思维的生长、智慧的生长、灵性的生长，更是心灵的生长、情感态度及价值观的生长。我们所构建的"问题导向"德育课堂，就是这样的生长课堂。

第三，以解决学生生长中的问题为重要抓手。生长德育以解决学生生长中的问题为重要抓手，就是把学生生长过程中的各种困难、问题、矛盾等作为德育的切入点，借助这个切入点，帮助学生解决生长中的各种问题，顺利走好人生之路。"问题导向"初中地方德育课程的15个专题，就是学生生长过程中所面临的15个方面的突出问题。这些问题的有效解决，必然有助于学生的生长。

第四，以促进学生健康、快乐、和谐、智慧生长为重要目标。"问题导向"德育课程确定了15个专题：孝敬、诚信、感恩、分享、责任、爱国、交往、早恋、交流合作、手机和网络、挫折与减压、冲动与自控、人生理想、法制教育、生命与安全。有的专题意在促进学生健康生长，有的意在促进学生快乐生长，有的意在促进学生和谐生长，有的意在促进学生智慧生长。这15个专题课程的有效实施，必然会促进学生健康、快乐、和谐、智慧地生长。

第五，以提高学生生长品质和生长质量为根本宗旨。在应试教育还颇有市场的情况下，我们的德育课堂难以摆脱或者说难以完全摆脱机械记忆、死记硬背的现状。这种现状不仅制约和影响着人才培养的品质和质量，而且制约和影响着学生的生长品质和生长质量。"问题导向"初中德育课程以生长德育理论为指导，通过教学理念、教学内容、教学方式、教学手段、教学方法等的变革，寻求对德育现状的突破，必然有助于提高学生的生长品质和生长质量。

二、生长德育观提出的理论依据

生长德育观，是我们在研究学习杜威的教育生长论、陶行知的生活教育理论及人本主义学习理论等国内外著名教育家相关理论的基础上提出的。

1. 教育生长论

"教育生长论"是杜威完整、系统的教育理论大厦的基石。杜威认为："教育就是不断生长，在它自身之外没有目的。"[①]所谓生长，就是"朝着后来结果的行动的累积运动"；生长是有根据、有条件的，其首要条件是未成熟状态，"未成熟状态就是指一种积极的、向前生长的力量"。杜威认为，教育的本质是生长的，教育上采取的一切措施都应有利于儿童经验的生长，所以，"学校教育的价值，它的标准，就看它创造继续生长的愿望到什么程度，看它为实现这种愿望提供方法到什么程度"。杜威认为，儿童在生长过程中不断个性化的同时也不断社会化，儿童的个性化与社会化在以活动为基础的生长过程中可以得到统一。

"问题导向"初中地方德育课程所提出的生长德育观，其直接的理论来源正是杜威的教育生长论。生长德育观主张在"问题导向"初中地方德育课程实施过程中，不以传授知识为主要目的，而是以帮助学生解决成长中的困惑和问题、促进学生健康成长为主要目的；不是高度重视学生的考试成绩和分数，而是密切关注学生的持续生长；不是"填鸭式"教学，让学生机械记忆、死记硬背，而是通过典型视频不断激发学生生长的愿望，通过讨论交流为学生提供不断生长的方法，通过整个教学活动为学生提供不断生长的能量和力量。

2. 生活教育理论

"生活教育理论"是陶行知教育思想的核心，其本身是一个完整的理论体系。这个体系的主要内容包括三个方面：生活即教育、社会即学校、教学做合一。陶行知先生的生活教育理论的中心是"生活即教育"。从含义上说，生活教育是给生活以教育，用生活来教育，为生活向前向上的需要而教育；从生活与教育的关系上说，是生活决定教育；从效用上说，教育要通过生活

---

① 杜威.杜威教育论著选[M]. 赵祥麟，王承绪，编译.上海：华东师范大学出版社，1981.

才能发出力量而成为真正的教育。[①]他认为，生活是教育展开的最鲜活的舞台，而教育也必须通过生活体现出其促进个体发展的价值；生活决定教育，社会生活的要求决定了教育的方向和内容；生活需要教育，要用前进的生活提高落后的生活，用合理的生活提高不合理的生活，用有计划的生活克服无序的生活，教育应该引导人走向圆满而有意义的生活，实现个体的价值。

"问题导向"初中地方德育课程所提出的生长德育观，也是学习和借鉴陶行知生活教育理论的产物。生长德育观同样非常重视学生的生活，其所选取的典型视频皆来自生活、来自社会，特别是来自学生，其所要解决的问题都是学生迫切需要解决的真困惑、真问题，其解决问题的过程就是学生关注生活、了解生活、展示生活、促进生活、完善生活、过有意义的生活的过程。

3. 人本主义学习理论

人本主义学习理论是建立在人本主义心理学基础之上的。对人本主义学习理论产生深远影响的有两个著名的心理学家，分别是美国心理学家马斯洛和罗杰斯。人本主义的学习理论从全人教育的视角阐释了学习者整个人的成长历程，以发展人性；注重启发学习者的创造潜能，引导其结合认知和经验，肯定自我进而自我实现。[②]人本主义学习理论重点研究如何为学习者创造一个良好的环境，让其从自己的角度感知世界，发展出对世界的理解，达到自我实现的最高境界。人本主义学习理论特别强调以人的发展为本，即强调学生的自我发展，强调发掘人的创造潜能，强调情感教育。

"问题导向"初中地方德育课程所提出的生长德育观，还学习和借鉴了人本主义学习理论。生长德育观指导下的德育课程，从学生的需要出发，坚持问题导向，针对学生所存在的问题，以学生的发展为本，把学生看作一个个活生生的、有个性的、有生命价值的主体，切实落实学生的主体地位，努力培养全面发展的人；注重学生的个性发展，端正学生的自我意识、道德意识和道德行为，帮助学生树立正确的世界观、人生观、价值

① 魏娟. 基于陶行知生活教育理论的中学语文教育研究[J]. 教育理论与实践，2016（35）.

② 佐斌. 论人本主义学习理论[J]. 教育研究与实验，1998（2）：33-38.

观，努力培养学生成为人格健全、个性鲜明的人；关注发展学生的人性，注重培养人所具有的正常的感情和理性，注重学生的情感体验，注重学生灵魂的锻炼、心灵的润泽，注重培养学生对生命的尊重、敬畏、关怀，注重学生良好思想道德品质、人文情怀和基本道德情感的养成；注重学生潜能的开发，把教学过程变成学生独立思考、主动探索、积极创造的过程，在课堂上多一些人文关怀，多一些人性化的体贴，多一些和谐愉悦的课堂氛围，多一些学生的自主发展，多一些创新性学习，多一些生活体验，最大限度地挖掘学生的潜能。

三、生长德育观对德育课程建设的意义

生长德育观是我们在本课程开发与实施过程中逐渐形成并且贯彻到德育课堂教学实践中的德育理论，这一德育理论对德育课程建设具有重要意义。

1. 用生长德育观指导德育课程建设是完成立德树人根本任务的需要

党的十九大报告指出："要全面贯彻党的教育方针，落实立德树人根本任务，发展素质教育，推进教育公平，培养德智体美全面发展的社会主义建设者和接班人。"立德，就是坚持德育为先，通过正面教育来引导人、感化人、激励人；树人，就是坚持以人为本，通过合适的教育来塑造人、改变人、发展人。用生长德育观指导德育课程建设，就是把德育课堂打造成促进学生生长的课堂。学生的生长，首先是品德的生长。促进学生生长，就是以学生的生长为根基，教育和塑造学生成为德智体美全面发展的社会主义建设者和接班人，也就是为了完成"立德树人"这一教育的根本任务。

2. 用生长德育观指导德育课程建设是回归教育本质的需要

教育是一种有目的地培养人的社会活动，其本质是促进人类生命个体健康成长，实现生命个体由自然人向社会人的高度转化。用生长德育观指导德育课程建设，就是把学生所存在的各种问题作为德育课堂探讨和解决的对象，也就是以解决学生生长中的问题为重要抓手，通过各种问题的解决，促进学生个体的健康成长，实现学生的社会化，也就是让德育课程建设真正回归教育本质。

3. 用生长德育观指导德育课程建设是促进学生健康成长的需要

促进学生健康成长是学校一切工作的出发点和落脚点。促进学生健康成长，就是让每个学生身心健康、人格健全，学会做人做事，让他们长大成人后，具备愉快工作、幸福生活的能力。那么，怎样才能实现学生的健康成长呢？用生长德育观指导德育课程建设，就是一种不错的选择。用生长德育观指导德育课程建设，其重要目标就是促进学生健康、快乐、和谐、智慧地生长。"问题导向"初中地方德育课程的15个专题，其内容涉及方方面面，指向的都是如何让学生健康、快乐、和谐、智慧地生长。一个能够做到健康、快乐、和谐、智慧生长的学生，也就是能够健康成长的学生。

4. 用生长德育观指导德育课程建设是增强德育实效性的需要

学校德育，是教育者有目的地培养受教育者品德的活动。德育实效性，是指德育工作预期目标任务的达成率和完成率，它包括德育工作效果和德育工作效率两个方面。德育实效性既是学校德育工作追求的目标，也是衡量德育工作成效的重要标准。长期以来，我们存在着德育实效性不强的问题。问题存在的原因之一是，考虑国家和社会的要求比较多，而缺乏对学生需求的关注。用生长德育观指导德育课程建设，就是关注学生需求的表现。用生长德育观指导德育课程建设，就是以提高学生生长品质和生长质量为根本宗旨，密切关注学生的需求，使教学过程成为激发、实现学生需求的过程。最大限度地激发和实现学生的需求，也就能够最大限度地增强德育的实效性。

第二节 "问题导向"初中地方德育课程内涵特征

德育课程，基于点化和润泽生命的德育使命，基于善待与尊重生命的教育感悟，基于促进学生全面与和谐发展的理性思考，基于提升学生生命质量的价值追求。学校德育课程的构建与实施是一项复杂的系统工程，关系到学校师生共同发展的全局。把德育做成课程，不是追求形式上的创新，而是基于对新时代德育的深层思考和厘定，以新时代中国特色社会主义思想为指导，以社会主义核心价值观为统领，以人的全面发展为目的，实现课程的意义和核心价值。我们所构建的"问题导向"初中地方德育课程到底是什么样的德育课程呢？下面将从概念解析、内涵界定、基本特征，以及本课程与道德与法治课程的关系等四个方面进行粗浅解读。

一、"问题导向"初中地方德育课程核心概念解析

所谓"问题"，是指"要求解答的题目"或"需要研究解决的疑难和矛盾"等。从问题的范畴看，其类型可以划分为生活问题、情感问题、婚姻问题、教育问题等。"问题导向"初中地方德育课程的"问题"，主要是指学生的生活问题，即学生的成长问题，也就是学生在生活即成长中迫切需要解答的疑难和矛盾。

所谓"导向"，是指引导方向；所谓"问题导向"，就是以问题为中心、核心和驱动力，围绕问题来组织有关活动。

所谓"问题导向中学德育"，是指在中学德育教学活动中，以中学生所存在的生活即成长问题为核心，以解决问题为驱动力，把中学生置于复杂的、有意义的情境（特别是视频情境）中，使学生围绕真实问题，通过解决问题来学习隐含于问题背后的有关知识，形成解决问题的相关技能，培养学生形成积极的情感、态度、价值观，提升学生的核心素养。

所谓"初中地方课程"，是指本课程的实施对象是初中学生，课程实施主体是初中学校的教育者；所开发的课程属于市域层面的地方课程，体现市域资源优势。之所以选择初中作为"问题导向德育课程"开发的主要学段，是基于初中阶段是整个人生发展历程中人生观、价值观形成的关键时期，决定着一个人的思维方式和行为方式，决定着一个人的未来发展方向。

所谓"问题导向德育课程"，是指德育从学生生命出发，着眼于学生生命质量的提升，通过聚焦学生成长中的关键问题和教育者自身育人的素养问题，以课程的视角，整合创新德育方式，不断增强德育的实效性，促进学生以品德素养为核心的综合素养全面提升和可持续发展的课程。

二、"问题导向"初中地方德育课程内涵界定

第一，"问题导向"初中地方德育课程是一门综合性课程。从是否以学科为界限看，课程可以分为分科课程和活动课程两类。分科课程是一种以学科为中心来编定的课程；活动课程则是打破学科界限，通过一系列活动（包括阳光体育、大型文艺活动、兴趣小组、学生团体组织的自主活动、综合实践活动等）来实施的课程。本课程虽然不是按照道德与法治学科来开发的，但是和道德与法治课程有着密切的联系；本课程虽然不是一般意义上的活动课程，但是活动课程的特征也比较明显。可见，本课程是一门兼顾分科课程和活动课程的综合性课程。

第二，"问题导向"初中地方德育课程是一门区域统整、地校结合、校本化实施的地方课程。从课程开发的主体看，课程可以分为国家课程、地方课程与校本课程。本课程不是国家统一开发的课程，而是由临沂市根据本地学生的成长需要所开发的课程，因此是一门地方课程。但是这门地方课程具有特殊性：在开发过程中需要统一整合区域研发资源，充分发挥研发团队的作用；需要地校结合统一开发，形成合力；需要全市各初中创造性地进行二次开发，积极开发校本课程，创造性地进行校本化实施。因此，本课程是一门区域统整、地校结合、校本化实施的地方课程。

第三，"问题导向"初中地方德育课程是一门视频课程。视频课程是指主要通过视频媒介进行知识传播的课程。通过有指导性的视频资料进行学习的课程都可以称作视频课程。本课程以视频为重要学习情境，通过播放一个或一组视频材料，围绕视频材料展开课堂讨论、交流、对话、活动，然后得出结论。可见，本课程属于视频课程。

第四，"问题导向"初中地方德育课程是一门问题导向课程。本课程以学生所存在的心理问题、交往问题、道德问题、思想问题、行为问题等各种品行问题为导向进行开发和实施，旨在解决学生所存在的品行问题，促进学生的健康成长，因此是一门问题导向课程。

第五，"问题导向"初中地方德育课程是一门兼顾拓展型和研究型的拓展探究性课程。从课程的功能看，课程可以分为基础型课程、拓展型课程和

研究型课程三类。道德与法治课程属于基础型课程，本课程不同于道德与法治课，它是对道德与法治课教学内容的一种拓展，因此具有拓展型课程的属性；研究型课程在内容上呈现出综合、开放、弹性大的特点，本课程也具有综合、开放、弹性大的特点，因此也具有研究型课程的属性。可见，本课程是一门兼顾拓展型和研究型的拓展探究性课程。

第六，"问题导向"初中地方德育课程是一门德育课程。课程是学校教育中为学生发展所创设的教育空间，是学生所应学习的学科总和及其进程与安排。课程有广义和狭义之分。狭义的课程是指某一门学科，主要指教材；广义的课程是指学校为实现培养目标而选择的教育内容及其进程的总和，它是由课程纲要、学科课程标准、学科教材、其他学习材料、教师和学生、教育环境等构成的一个生态系统。本课程属于狭义的课程，即一门德育课程，并且仅仅是一门初中德育课程。

综上所述，"问题导向"初中地方德育课程是一门兼顾分科课程和活动课程的综合性课程，是一门区域统整、地校结合、校本化实施的地方课程，是以视频为重要学习情境，以解决学生品行问题为根本目标的拓展探究性初中德育课程。

三、"问题导向"初中地方德育课程基本特征

（一）问题化

所谓问题化德育课程，是指以经过全面调查、细心筛选、精心设计所确定的一系列问题来贯穿德育过程，培养学生解决问题的认知能力，促进学生高级思维技能的发展，提升学生的德育素养，实现德育目标的课程。问题是驱动学生思考的基础，可以激起学生思维、启迪学生智慧、唤醒学生对相关品德的重新思索，更能够让学生通过思考对照自己、反省自我，从而在一定程度上修正自己的行为，让品德修养更完善。

党的十八大以来，习近平总书记发表了一系列重要讲话，深刻回答了在新的历史条件下党和国家发展所面临的一系列理论问题和现实问题，贯穿着强烈的问题意识、鲜明的问题导向。

人类认识世界、改造世界的过程，就是一个发现问题、解决问题的过程。问题是时代的声音，每个时代总有属于它自己的问题，只有树立强烈的问题意识，才能实事求是地对待问题，才能找到引领时代进步的路标。在新时代要想全面深化改革、开创事业发展新局面，我们必须有发现问题的敏锐、正视问题的清醒、解决问题的自觉。问题是客观存在的，要敢于正视问题、善于发现问题；问题纷繁复杂，要坚持用科学的方法分析和研究问题；问题绕不开、躲不过，应当有敢于触及矛盾、解决问题的责任担当；问题源于实践，要到实践中寻找解决问题的办法。

"问题导向"初中地方德育课程就是以问题化为基本特征的课程。"问题意识"是思维的问题性心理品质，人们在认识活动中，经常会察觉到一些难以解决的或疑惑的实际问题及理论问题，并形成怀疑、困惑、焦虑、探索的心理状态，这种心理又驱使个体积极思考，不断提出问题和解决问题。在创新背景下，问题意识是具备创新能力的基础，创新是在问题的发现和解决过程中发展起来的，能否具有问题意识和解决真实问题的能力是学习者素养高低的具体体现。

（二）生活化

所谓生活化德育课程，是指遵循中学生生活的逻辑，以中学生的现实生活为主要源泉，以密切联系学生生活的主题活动为载体的课程。著名德育专家鲁洁先生指出："道德存在于人的整体、整个生活之中，不会有脱离生活的道德。品德的培养应当遵循一种生活的逻辑，而不是一种纯学科的逻辑。"

"教育回归生活"是新课程改革提出的基本理念。[①]德育课堂肩负着传授基本知识让学生获取基本认知，提高学生分析问题、解决问题的能力，以及陶冶情操、净化心灵等任务。德育课程从功能上来说，应该为学生将来的生活、工作和创造奠定基础，而不应该成为隔离学生与生活世界的屏障。学

---

① 张荣伟. "新课程改革"：本体结构、认知框架与改进思路[J]. 福建师范大学学报（哲学社会科学版），2008（6）：132–138.

校德育想要从政治化、抽象化、空洞化的说教王国里走出来，就应回归生活，关注、指导和引导学生的现实生活，让德育根植于现实生活中。

如何将德育课程与学生生活实际相联系，为学生认识和改造客观世界提供科学的世界观与方法论，是"问题导向"初中地方德育课程急需实现的价值目标。在具体的课程实施过程中，教师要紧密联系学生的生活实际，将"问题导向"初中地方德育课程与学生已有的知识经验相结合，积极构建生活化的德育课堂，努力创设生活化的课堂学习环境，提炼生活化的课堂学习内容，通过与学生生活实际相联系，增强德育课程的鲜活性和吸引力，提高德育的针对性和实效性，激发学生的学习积极性，让学生在德育课程中得到道德素养的提高。对问题的设计要贴近学生、贴近生活、贴近实际，要来源于生活、通过生活、为了生活，解决学生生活中的问题，既关注学生的当下生活，又要关注学生将来的生活，围绕学生在生活实际中存在的问题，坚持正面引导，帮助学生理解和掌握社会生活中的思想要求和道德规范，通过思考、回答问题让学生完善自我的品德修养。

（三）专题化

所谓专题化德育课程，是指"问题导向"初中地方德育课程在对象上更加集中、明确，在参与范围上更加广泛、一体，在过程中更加连续、持久，在成果的形成上更加丰富，在成果的传播和转化上更加多样。

在工作中，我们经常会面临一些问题或课题，它们或意义重大，或复杂程度较高，如果只依靠一种社会力量，在较短的时间内难以得到有效解决，需要专门集中力量，不断进行研究、部署，有选择、有计划、有组织、有步骤地运作。这些问题或课题就是专题。围绕某一专题开展的或带有这种专题运作特点的各种活动，我们称之为专题活动。它集目标对象的专一性，精力和组织的集中性，时间上的持久性，成果、活动的系列性于一体，在实践中具有显著的特点和优点，是各领域、各行业中常见、常用的一种方式。

专题化避免了内容的分散、无序、不系统，让德育更全面、更具操作性、更广泛、更深入，弥补了学校德育的不足，成为学校德育的有益补充。专题的形成要遵循学生的认知规律，做到循序渐进，让学生在学习的过程中，完善自我、丰富自我，初步深化道德修养；专题的形成还要符合学生的心理发展特点，当学生的品德容易出现问题的时候，我们适时的品德教育就是学生发展的甘霖，对学生的成长起着不可替代的作用；专题的形成还要有一定的形式，让学生喜闻乐见，激发学生的兴趣，调动学生的积极性、参与性，这样才能寓教于乐，让学生在轻松活泼的状态下接受教育，形成一定的情感态度与价值观。

（四）视频化

视频泛指将一系列静态影像以电信号的方式加以捕捉、记录、处理、储存、传送与重现的各种技术。所谓视频化德育课程，是指在开发的时候把视频作为不可或缺的情境材料和重要成果，在实施的时候借助视频来进行教育教学活动的课程。"问题导向"初中地方德育课程共有15个专题，每个专题计划安排时间135分钟，其中学生观看视频教学资料的时间为40分钟；每个专题制作一张光盘，将学生要观看的视频、示范课、教学指导手册电子稿及教学参考材料全部纳入其中。可以这样说，视频在本课程中具有极其重要的地位。

"问题导向"初中地方德育课程的视频化，发挥了三个重要作用。第一，有助于相关知识的学习和理解。视频集图、文、声、像多重刺激于一体，使学生大脑的视觉、听觉中枢都处于兴奋状态，相关知识在大脑中就会留下深刻印象；视频符合人类的记忆规律，展示知识空间的联系，将知识系统化，形成网络，有利于学生对知识进行比较、加工、归纳，形成理解基础上的记忆和记忆基础上的理解。第二，有助于激发思维，培养能力。视频课程便于给学生提供知识素材，可以优化课堂设计，能够充分发挥学生的主体地位，每个学生可以按照自己的认知结构构建知识体系，为教师变"结论式教学"为"过程式教学"提供了极大的便利；视频课程有助于营造民主、和谐、平等的气氛，便于调动学生的学习积极性、主动性和创造性，从而有助于激发学生的思维，培养学生提出问题、分析问题、解决问题的能力，特别是能够激发学生的创新意识，提高学生的创新能力。第三，有助于增强生动性和趣味性。"问题导向"初中地方德育课程的视频都是精心挑选和录制的，具有较强的生动性和趣味性。让学生观看这些视频，既有助于激发学生的兴趣，调动学生学习的积极性，也有助于诱发学生思考，引导学生探究，激发学生参与，还有助于使学生获得深刻的情感体验，激发学生的情感，影响学生的思想，引导和端正学生的行为。

（五）互动化

所谓互动化德育课程，是指"问题导向"初中地方德育课程特别重视师生、生生的多向交流，学生在教师的指导下深度讨论、深度思考、深度发现、深度参与、深度活动，师生密切配合，在和谐、愉快的情境中实现教与学的共振。

苏霍姆林斯基在谈到师生关系时认为："师生应该是共同探究真理的志同道合者，课堂教学不是毫无热情地把知识从一个头脑装到另一个头脑中去，而是师生之间每时每刻都在进行的心灵互动活动。"美国人本主义心理学家罗杰斯认为，教师和学生之间保持一种良好的、民主的关系，有利于教师和学生形成人际交往的品质。教学过程实际上就是在师生交往的过程中实现的，师生间的相互影响、相互交流可以增强师生的情感交融，促使学生得到良好的发展。同时，学生与学生之间的关系也是重要的人际关系，这种关系能使学生在良好的交往中通过自尊自爱、自信自强、真诚的态度及良好的表达能力，形成与他人相处和交往的能力，在教学过程中相互帮助、相互激励，从而有效地促进学生的发展。

当前在德育课教学中仍然存在着教师中心主义，这就剥夺了学生的自主性，伤害了学生的自尊心，摧残了学生的自信心，导致学生不太喜欢德育课。为了改变这种状况，"问题导向"初中地方德育课程力求实现教学的互动化，通过调节师生关系及其相互作用，形成和谐的师生互动、生生互动以及学习个体与教学中介的互动，强化人与社会环境的交互影响，以产生教学共振，达到理想的教学效果。例如，本课程特别重视围绕视频开展讨论，这种讨论就是师生之间、生生之间的对话，讨论的过程就是学生提高认识、明辨是非的过程，也是情感态度与价值观提升的过程。本课程开发的实践告诉我们，没有互动的课堂，就是没有学生参与、体验的课堂，这样的课堂，不但难以对学生产生较大的吸引力，而且难以真正达到预期的教育教学效果。

四、"问题导向"初中地方德育课程跟道德与法治课程的关系

我们所开发的"问题导向"初中地方德育课程，与道德与法治课程并不矛盾，二者既存在着密切的联系，也存在着明显的区别，我们对此要正确对待。

（一）二者的联系

第一，二者都属于德育课程。二者都以立德树人为根本宗旨，以社会主义核心价值观为指导，以初中学生生活为基础，以引导和促进初中学生健康成长为根本目的，旨在促进中学生正确思想观念和良好道德品质的形成与发展，为使学生成为有理想、有道德、有文化、有纪律的社会主义合格公民奠定基础的课程。

第二，二者在教学理念、教学目标、教学内容、教学方法、教学情境、教学问题、教学活动等方面，都有许多相同或相通之处。

（二）二者的区别

第一，课程开发主体不同。道德与法治课程的开发主体是国家（或国家授权分省开发），因此属于国家课程；本课程的开发主体是临沂市政府及市教育局，因此属于地方课程。

第二，教学目标不同。道德与法治课程的教学目标主要依据《义务教育思想品德课程标准》来设置，教学目标规范严格；本课程的教学目标主要依据学生的实际，依据学生品行所存在的问题来设置，教学目标自由灵活。

第三，教学内容不同。道德与法治课程的教学内容是课程标准规定的"成长中的我""我与他人和集体""我与国家和社会"；本课程的教学内容有15个专题，即学生普遍存在的15个问题。

第四，教学方法不同。道德与法治课程运用多种多样的教学方法，难以说清以什么样的教学方法为主；本课程运用视频案例进行教学，虽然还有其他教学方法，但主要运用的是视频案例教学法。

第五，课程功能不同。道德与法治课程和语文、数学、英语、物理、化学、地理、历史、生物等学科一样，都属于基础型课程；本课程是道德与法

治学科德育功能的一种拓展，它的存在并不是削弱道德与法治课程的德育功能，而是巩固、拓展、深化、强化这种德育功能。

第三节 "问题导向"初中地方德育课程建设原则

所谓原则，是指说话或行事所依据的法则或标准；所谓德育课程原则，是指人们在德育课程开发与实施过程中必须遵循的基本要求，它反映了德育开发与实施过程的规律性，是对德育开发与实施实践经验的概括和总结。我们所构建与实施的"问题导向"初中地方德育课程，须遵循以下十大原则：

一、思想性原则

初中道德与法治课程的思想性是"以社会主义核心价值体系为导向，深入贯彻落实科学发展观，根据学生身心发展特点，分阶段、分层次对初中学生进行爱祖国、爱人民、爱劳动、爱科学、爱社会主义的教育，为青少年健康成长奠定基础"。

"问题导向"初中地方德育课程坚持思想性原则：一是加强思想引领，坚持以社会主义核心价值观和中国梦教育引导青少年，培养中学生热爱党、热爱社会主义祖国的真挚感情，使中学生树立社会主义的理想信念和正确的世界观、人生观、价值观。二是彰显时代要求，准确把握经济社会发展和全球化、信息化对德育工作的时代要求，落实立德树人根本任务，强化社会主义核心价值观对德育工作的引领作用。

二、主体性原则

所谓主体性原则，就是在充分发挥教师的主导作用的前提下，使学生的主动性、积极性和创造性得以充分发挥，让德育过程处于师生协同活动、相互促进的状态，促进学生全面发展；就是给学生主动选择的空间，让他们自主选择目标、自我调控、自我发展，使学生的主体性得到发挥，从而使他们学会选择、学会负责任。

"问题导向"初中地方德育课程坚持主体性原则：一是坚持从学生道德发展特点和思维规律出发，增强受教育者的主体地位，尊重学生、信任学生，激发学生内在需求，创设真实而生动的生活情景和平台，指导学生解决生活中的实际问题，使之成长为能进行自我教育和独立进行道德活动的道德主体；二是坚持问题的设计面向全体学生，不因学习成绩的差异而有所区别、有所缺失；三是主张从学生成长、发展及生活实际出发，从学生思想品德发展的现状、问题和需要出发，尊重学生已有的生活经验。

三、真实性原则

所谓真实性原则，是指充分利用现实生活中的真实事件、价值冲突和道德困惑，引发学生思考，激发道德需要，澄清错误观念，使学生真正做到在生活中学习、在学习中思考、在思考中反省、在反省中作出正确的选择与判断，并不断地修正自己的价值观念和行为习惯。德育的终极目的是追求真善美，因而德育应该是真实的。德育如果缺少了真实性，也就缺少了灵魂。

"问题导向"初中地方德育课程坚持真实性原则，一是从生活的本真出发，挖掘现实生活中的典型案例作为德育素材。唯有选择与学生的生活经验、知识背景密切相关的道德案例、事件、资料，才能使其合乎情理地参与到课堂中来，从而引发真实的道德情感与真切的道德理解。德育课堂中的故事、案例等素材应是基于生活事实的、纪实性的，而非凭空想象的，更非胡编乱造的。二是遵循实事求是的原则，从学生的真实需求出发，切实解决学生的困惑和问题。德育课堂应是有利于满足学生激发真实道德需要、真情道德体验、真切道德冲动的充满情趣、乐趣、雅趣的教育场所。

四、针对性原则

德育课程的针对性原则，从根本上讲，就是要主动适应国内外新形势的要求和社会环境的变化，根据青少年学生身心发展的特点和思想品德形成的规律，有的放矢地开展德育工作。只有坚持针对性原则，针对中学生的年龄特征、心理活动机制、个性特征以及思想品德发展的特点，针对每一个学生的个别差异，特别是在道德认识、情感、意志、行为发展水平和兴趣爱好方面的差异，针对一段时期内中学生思想品德和心理上带有倾向性的问题等，有针对性地实施，才能使德育工作取得实效。我们所开发的15个专题的德育课程，都是针对学生的问题构建与实施的，因此具有较强的针对性。为了有效解决学生的问题，我们有针对性地选择视频材料，有针对性地设置问题，有针对性地开展课堂讨论等活动，力求让学生陶冶情操、感悟道德，形成道德意识，并内化为自己的道德行为。[①]

"问题导向"初中地方德育课程坚持针对性原则：一是有针对性地借助"爱国"专题，从增强爱国情感做起，进行爱国教育和中国革命传统教育，弘扬和培育以爱国主义为核心的伟大民族精神，使学生从小树立民族自尊心、自信心和自豪感。二是有针对性地借助"孝道""诚信""感恩"专题，深入进行中华优秀传统文化和中华民族优良传统教育，引导学生继承和发扬中华民族的传统美德。三是有针对性地借助"理想"专题，从确立远大志向做起，树立和培育正确的理想信念。四是有针对性地借助"文明礼貌""责任""从规则到法律""虚拟与现实"专题，从规范行为习惯做起，培养良好的道德品质、文明行为以及法治观念。五是有针对性地借助"沟通""友谊""合作""挫折""冲动""生命与敬畏"专题，使学生从提高基本素质做起，学会处理人与人、人与社会、人与自然等基本关系，引导未成年人保持蓬勃朝气、旺盛活力和昂扬向上的精神状态，促进未成年人的全面发展和健康成长。

五、趣味性原则

德育课程的趣味性原则，是指在德育过程中教师运用幽默生动的语言、

---

① 朱小蔓. 关注心灵成长的教育[M]. 北京：北京师范大学出版社，2012.

灵活的教学技巧、直观形象的表演及富有感染力的激情等，最大限度地增加德育课堂活力、激发学生的学习兴趣、增强德育效果。它要求在德育过程中教师以学生为中心，把枯燥、难懂的德育课堂变得生动而富有感染力。

"问题导向"初中地方德育课程坚持趣味性原则：一是力求教学语言的趣味性。教师的教学语言要声情并茂、妙语连珠、妙趣横生，要形象生动、充满理趣、富有情趣，融教育性、知识性与趣味性为一体，像一块大磁铁把所有的学生都长时间地吸引住。二是力求视频情境的趣味性。我们通过精心拍摄的视频情境，将学生引入问题，将学生带入生活，引导学生思考、讨论和探究，增强学生的好奇心、求知欲，激发学生的学习兴趣和热情。三是力求活动设置的趣味性。我们重视设计学生喜闻乐见的活动，做到活动的内容与形式都是充满趣味的、都是学生喜欢的，注意为学生创设一种快乐活动的空间、充满乐趣的活动环境，让学生乐于参与、乐于交流、乐于思考。

六、参与性原则

德育课程的参与性原则要求在德育过程中，全体师生共同建立民主、和谐、热情的教学氛围，让不同层次的学生都拥有参与和发展的机会，力图使德育过程中的每一个人都投入学习活动之中，都有表达和交流的机会，在平等对话中产生新的思想和认识，丰富体验和经历，产生新的结果与智慧，进而提高自己改变现状的自信心和自主能力。

"问题导向"初中地方德育课程坚持参与性原则：一是采用观看视频、分组讨论、学生自主学习、教师提升总结等课堂流程，以学习者为中心，创造良好的参与氛围，培养、调动学生的参与意识，鼓励学生积极参与德育过程，给学生创造更多的参与机会，由学生自己来分析视频中的故事及案例，在生活的案例中感悟与提升。二是教师平等参与，以参与者的姿态面对学生，在充分沟通的基础上与他们交流；既不居高临下地批评所暴露出的问题，也不包办代替，为学生提供现成答案。三是教师尊重多元，要根据学生的差异性照顾不同水平的学生，并想办法让每个学生把自己的不同观点都表达出来；要根据教学内容与学生的需求灵活使用参与式教学方法。四是教师理论联系实际,注意联系学生的生活实际,引导学生在真实的情境下开展活动,针对实际问题进行思考,促使参与者进行具有问题意识的高层次的学习。

七、灵活性原则

所谓灵活性原则,就是根据不同的内容、对象、时间、场合等具体情况灵活地采取各种不同的工作方法和方式,做好德育工作。德育课堂的灵活性,能以其独特的魅力吸引学生,让他们感受到德育过程本身所具有的艺术美感和生活乐趣,从而爱学、乐学、能学、会学,积极主动地参与德育的全过程。

"问题导向"初中地方德育课程坚持灵活性原则:一是灵活选取德育内容。在15个专题的框架内,如何具体设置德育目标,选取什么样的视频材料,结合视频材料如何设置问题,如何开展课堂讨论等,无论是本课程的开发者还是实施者,都具有很大的灵活性,为本课程的创造性开发与实施预留了充分的空间。二是灵活运用德育方法。德育方法是教师与学生在德育过程中为达成德育目标而展开的有秩序、相互联系的活动方式和手段的组合。德育方法是提高德育实效的关键,在本课程具体实施的过程中,必须根据实际情况,灵活选择行之有效的方法,这样才能取得事半功倍的效果。在本课程实施过程中,我们灵活运用说服教育法、榜样示范法、情感陶冶法、自我教育法、比较教育法、批评与自我批评法、实践锻炼法等德育方法,有效提高了学生的思想道德素质,提升了学生的核心素养。三是灵活进行德育评价。所谓德育评价,就是师生依据一定的社会评价标准,对学生的道德品质作肯定或否定的价值判断。在本课程实施的过程中,我们灵活进行德育评价,坚持从实际出发,一分为二,灵活掌握评价的分量和时机,做到公平合理、恰如其分,该奖则奖,该罚则罚;在评价时,我们还会考虑学生的年龄特征、个性差异,实事求是地进行评价。

八、适切性原则

适切性是指某事物与其所处环境中诸多因素的相关程度，通常表现为适当、恰当或适合需要等方面的特征。德育课程的适切性原则，要求所提出的目标切合当今的德育实际，所选择的内容要符合学生的年龄特征。不同年龄的学生学习什么内容是受其心智发展水平限制的，过难或过易的内容都不适合，应予以摒弃。

"问题导向"初中地方德育课程坚持适切性原则：一是在本课程实施的过程中，德育内容、德育方法、德育组织形式等要素都力求适合学生身心发展的特点，符合学生的德育状况，符合教师的教学要求、教学需要。德育专题的选择与设计要遵循学生的认知特点和思想品德形成发展规律，符合学生的最近发展区，让学生"跳一跳可以摘到桃子"。二是教师充分尊重学生，充分与学生进行交流，认真倾听学生的真实想法，愿意耐心解答学生的各种问题，并帮助学生实现自己的想法。这样，教师的教才能适应学生学的需要，这样的德育才是适切性的德育。三是灵活地调整德育策略，灵活地改变德育计划、德育方案，灵活地运用德育课堂组织形式、德育课堂管理方法，这样的德育才更加能体现德育课程的适切性。

九、渐进性原则

德育课程的渐进性原则，要求德育教师依据不同学习阶段学生的身心发展特点、道德水平和认知基础，确定德育内容的重点、深度、广度，灵活运用各种方法和手段，按照一定的步骤，循序渐进地进行教育，逐步提高学生的道德修养、学习能力和个性品质。

"问题导向"初中地方德育课程坚持渐进性原则：一是搞好课程规划，整体构建"问题导向"初中德育课程体系，使各层次系统纵向衔接，分层递进，螺旋上升，以保证德育工作的层次性和渐进性。二是针对不同年级分解德育目标，使德育目标呈现明显的由浅入深、由低到高的层次化特点，符合学生成长中的由感性到理性、由感知到感受再到感悟等认知和思维发展的特点及规律。三是德育内容安排递进化，15个专题的安排依据不同年级呈现出由简单到复杂、由局部到全面、由浅显到深入等递进化的特点。四是构建"问题导向"初中地方德育课程序列化评价体系，各年级采取有区别的具体评价指标、评价内容、评价方式，使之符合渐进性的要求。

十、特色性原则

课程特色是与同类地区（或学校）相比较而言的，指某一地市（或一所学校）在实施同样课程的过程中，其实施策略、实施手段、实施方式和方法、实施结果的评价等具有有别于其他同类地区（或学校）的质的差异性和优质性。我市所构建与实施的"问题导向"初中地方德育课程就具有鲜明的课程特色。

"问题导向"初中地方德育课程坚持特色性原则：一是市域内整体推进中学德育教学课程改革具有突破性。全国有搞实验区的，一般是县域内或学校内，市级整体推进的目前还很少见。从区域专题推进来看，无论在临沂还是在全国，都是较大的突破。二是德育专题教学具有鲜明特色。这项德育专题教学整体、全面、系统，15个专题很有代表性、针对性、指向性，而且实效性强；每个专题的教学思路、环节设计科学合理，授课方式方法新颖，具有生本化课程特色，令人耳目一新。三是课程建设具有创新性。"问题导向"德育专题教育具有自身的特点和优势，是地方教材、生本课程，是立德树人、以生为本的生动体现和鲜活实践，构建的是生态的、生命的、有极强的针对性和实效性的德育课堂，必将对德育教学改革产生重要而深刻的影响。

第四节　"问题导向"初中地方德育课程建设目标

　　课程目标是指课程本身要实现的具体目标，是期望一定教育阶段的学生通过课程学习以后，在知识、智能、品德、体质等方面达到的程度。它是某一课程门类或科目学习完以后所要达到的学生发展状态和水平的描述性指标，是课程设计的基础环节和重要因素，直接影响和制约着课程内容、课程组织、教学实施等后续课程因素的设计和操作，直接影响和制约着日常的教育教学行为。那么，"问题导向"初中地方德育课程的目标应如何定位呢？下面将从课程总体目标、课程研发目标和课程实施目标三个方面予以阐释。

一、"问题导向"初中地方德育课程总体目标

　　"问题导向"初中地方德育课程的构建与实施坚持以党的十八大和十九大精神为指导，认真贯彻落实教育部印发的《教育部关于全面深化课程改革　落实立德树人根本任务的意见》，坚持以"问题导向"初中德育课程的深入实施为抓手，把培育和践行社会主义核心价值观融入教育教学全过程，努力推进社会主义核心价值观进学校、进课堂、进头脑，切实增强中学德育的针对性和实效性，在提高学生思想道德水平的同时，解决学生思想和心理方面存在的具体问题，全面提高中学生的道德素养。

　　"问题导向"初中地方德育课程的构建与实施的根本出发点是全面贯彻党的教育方针，践行社会主义核心价值观，落实立德树人根本任务，着力培养学生高尚的道德情操、扎实的科学文化素质、健康的身心、良好的审美情趣，突出强调社会责任感、创新精神和实践能力，促进学生全面发展，培育拥有健全人格的优秀的社会主义公民，使之成为中国特色社会主义合格建设

者和可靠接班人。

二、"问题导向"初中地方德育课程研发目标

"问题导向"初中地方德育课程要实现总体目标，必须确立自身的研发目标，解决以下四个方面的问题：

（一）解决学生品行方面所存在的普遍问题

本课程确定的15个专题，即学生品行方面所存在的15个问题。这些问题都是在对学生进行问卷调查的基础上归纳整理得来的，可以说都是中学生普遍存在的问题。

本课程通过让学生看视频、讨论、参加活动等方式，来增加学生的直观感受和情感体验，增强学生参与课堂的积极性、主动性和自觉性，激发学生的情感，触动学生的心灵，提高学生的认识，引发学生的思考，有助于学生克服自己所存在的品行问题，从而促进学生的健康成长。

（二）解决道德与法治学科所存在的机械灌输、死记硬背等问题

道德与法治课教师虽然有改变机械灌输、死记硬背现状的强烈愿望，并为此付出了极大努力，也取得了较好的成效，但是在应试教育的影响下，道德与法治学科总体上仍然没有解决或者说没有很好地解决机械灌输、死记硬背等问题。这就需要我们寻求突围。突围的方向在哪里呢？一方面是改革道德与法治学科的考试和评价机制，另一方面就是本课程的开发与实施。可以说，本课程为道德与法治课教学注入了新内容、新形式，必然会带来道德与法治课堂的新气象、新活力，有助于解决道德与法治学科所存在的机械灌输、死记硬背等问题。

（三）解决学校德育工作效果不够理想的问题

当前，学校德育工作效果不够理想。这主要表现在：第一，德育工作针对性不够强，不能很好地结合时代特点和中学生的品行状况开展有针对性的德育工作。第二，德育内容与学生实际存在某些脱节现象，内容有些枯燥和空泛，难以很好地引起学生的情感共鸣、触动学生的心灵。第三，德育主渠道的作用发挥得不够好。道德与法治课常常灌输一些枯燥的理论知识，把

道德与法治课上成了纯知识课，各科教学也没有很好地承担起德育渗透的责任。第四，德育形式不够丰富，除了道德与法治课，许多应该开展的德育活动，都被减少甚至被取消，致使德育形式单一，效果不够好。第五，德育师资力量不均衡，导致德育教学在城乡之间、校际之间存在较大差距，对学生品行的培养也就出现了明显差异。本课程力求解决学校德育工作效果不够理想的问题，为学校德育工作开辟一片新天地。

（四）解决临沂市教育科研水平不高、能力不足、力量分散等问题

与兄弟市相比，特别是与江浙等地相比，临沂市教育科研的水平不高，能力尚显不足。怎样才能提高全市的教育科研水平、提高教师的教育科研能力呢？本课程集中了百余人的开发团队，把全市教育科研的骨干力量集中起来，有利于在一定程度上解决教育科研力量分散的问题。在课程开发的过程中，大家集思广益，互相探讨，互相启发，互相学习，互相借鉴，必然会提高教育科研的能力和水平。这是我市教育科研的一笔宝贵财富，在今后的教育科研过程中，团队成员肯定会发挥重要的作用，有力地推动临沂市的教育科研工作。

三、"问题导向"初中地方德育课程实施目标

为了保证本课程的有效实施，我们从以下四个方面确立本课程的实施目标：

（一）构建区域特色鲜明的德育课程体系

课程体系是指在一定的教育理念指导下，将课程的各个构成要素加以排列组合，使各个课程要素在动态过程中统一指向课程目标实现的系统。课程体系是实现课程目标的载体，是保障和提高教育质量的关键。优化的课程体系将有利于学生创造精神和创新能力的培养，有利于学生人格品质的塑造，有利于学生实践能力的提高，有利于学生个性的发展。

"问题导向"初中地方德育课程的实施目标是构建起区域特色鲜明的德育课程体系。这个课程体系包括以下几个基本点：

第一，这个课程体系是以15个专题为问题导向的纵向衔接、横向贯通

的德育体系。在首批15个德育专题的"问题导向"初中德育课程资源的基础上，我们将在小学、高中阶段陆续开发研制"问题导向"德育课程系列，打通学科之间和学段之间的育人壁垒，形成中小学各阶段纵向衔接、各学科教育横向融通的中小学德育课程体系。

第二，这个课程体系是以德育视频课程为基础的国家课程校本化实施、地校结合、区域特色鲜明的德育课程体系。我们力求构建国家课程、地方德育特色课程、校本德育课程紧密结合、有机衔接、相互协调、科学合理的，以孝贤文化为底蕴的，具有临沂特色的德育课程体系。

第三，这个课程体系是全面体现社会主义核心价值观内涵，与教育现代化相适应，与学生人生成长主题密切结合，促进学生良好道德品质形成的德育课程体系。

（二）形成具有问题导向价值的德育模式

德育模式是在一定的德育思想理论的指导下，经长期德育实践而定型的德育活动结构及其配套的实施策略，它是指在学校德育中有代表性的可供人参照操作的德育样式。通过"问题导向"初中地方德育课程的构建与实施，我们总结、提炼，形成了具有问题导向价值的德育新模式，即"问题导向视频互动德育课堂教学模式"，简称"问题导向模式"。这一德育模式重视以下几点：

第一，重视学生正确价值观的形成，力求澄清学生混乱的价值观。当今社会，学生的价值观受到许多传播媒介的影响，这些各式各样的影响使得学生的价值观念陷入混乱的境地。帮助学生正视各种影响，从而树立正确的价值观是学校德育的一个重要责任。该德育模式认为，价值从根本上是个人的而不是社会的，道德价值观念是不能也不应该传授给别人的，教育不能强制要求学生应该具有什么样的价值观。该德育模式的作用是训练学生，使其掌握作出价值判断和价值决策的方法，通过分析和评价手段，澄清价值混乱，促进核心价值观的形成，从而发展学生思考和理解人类价值观的能力。

第二，重视满足学生自身的需要，进而形成各种自律性品质。我们所构建的新的德育模式，基于学生的心理和年龄特征，选择贴合学生实际的方法，将国家、社会提倡的主导性道德规范、原则体系传授给学生，通过各种途径，精心组织学生自觉主动参与，产生认同感，从而使他们感到接受道德教育不只是社会的要求和为了他人，也是满足自身的需要，进而形成各种自律性品质。

第三，重视学生道德判断力的培养。美国儿童发展心理学家科尔伯格的研究表明，讨论法可以有效地促进儿童道德判断的发展，通过引导激发学生对道德问题的思考，掌握基本的分析方法和推理程序，对于培养学生独立的、理性的道德判断力是十分必要和有效的。当然，提供给学生讨论的道德问题必须是与现实生活和学校生活有关的道德两难问题，使每一个学生都能作为道德教育过程的主体，直接地、民主地参与讨论，进行创造性思维。我们所构建的新的德育模式就特别重视课堂讨论，注重改变旧德育过于强化记忆道德知识、满足于一般行为训练的做法，运用讨论法改进德育，重视对学生道德判断力的培养。

（三）构建有利于学生核心素养形成的德育评价体系

德育评价就是评价者依据一定的德育目标及评价标准，运用科学的方法和正确的途径，多方面收集事实材料，对德育工作及其效果作出价值判断的过程。德育评价是判断学校德育工作的效率、效果和社会作用的重要途径，是整个德育过程的重要环节，也是德育的主要内容之一。科学的德育评价不仅能为德育目标的确立、德育内容与方法的正确选择与运用提供依据，而且能够外化德育的效果与价值。

我们通过"问题导向"初中地方德育课程的实施，探索形成了德育多元与综合、自评与互评、教师与家长评价相结合的学生德育评价方式，完善了德育评价机制，构建了基于学生全面发展和教师专业成长、有利于学生可持续发展、有利于学生核心素养形成的德育综合评价体系，发挥了德育评价对学生成长的引导作用。这一德育评价体系重视以下几点：

第一，重视树立先进的德育评价理念。为了提高德育评价的质量，我们树立起了以素质教育为核心、以核心素养提升为目的的评价理念，倡导"立足过程，促进发展"的评价，淡化评价的甄别与诊断功能，力争通过评价促进被评价者的发展进步。我们重视综合评价，关注个体差异，鼓励学校德育有自己的特色，把是否有利于学校德育过程的优化控制、是否有利于学校德育效率的提高、是否有利于学校德育效果的增强作为衡量学校德育评价质量高低的判断标准。

第二，重视完善教育评价制度。目前我国德育评价没有得到应有重视的根本原因是教育评价制度不完善。要改变这种现状，必须完善教育评价制度，改变以考试成绩和升学率作为唯一标准评价学校办学水平的做法，把学校德育工作作为评价学校办学水平的重要内容，制定符合实施素质教育要求的学校评价标准和实施办法；重视学校德育评价，成立专门的学校德育评价机构，加强对学校德育评价的研究，制定科学的评价办法，促进学校德育工作水平的提高。

第三，重视建立科学的德育评价指标体系。确立科学的德育评价指标体系，对学校德育评价是十分重要的。我们的德育评价指标体系注重遵循德育规律，既要保证评价指标体系建立在科学的理论和方法基础上，还要考虑本地区和被评价者的实际情况，准确把握评价体系中各指标要素的内涵、作用、结构及相互关系；我们的德育评价指标体系以德育目标和德育评价内容为依据，根据其要求确定评价指标体系的范围和重心。

第四，重视实现评价方法多样化。定量评价采用数学的方法收集和处理数据资料，对评价对象作出定量结果的价值判断。它具有客观化、标准化、精确化、量化、简便化等鲜明的特征，在一定程序上满足了以选拔、甄别为主要目的的教育需求。但是学校德育评价面对的是一个复杂的系统，很难用简单的数量关系来表示，先不说有些德育内容难以量化，即使是能被量化的内容，其精确度也是相对的。定性评价不采用数学的方法，而是根据评价者对评价对象平时的表现、现实和状态或对文献资料的观察和分析，直接对评价对象作出定性结论的价值判断。定性评价可以关注更广泛的教育目标及学习结果，强调关注现场和专业判断，对学生的种种表现试图作出具有教育学、心理学意义的解释与推论。准确的定性评价可以达到入木三分的效果，能准确反映评价对象的优点和不足之处；不准确的定性评价则显得苍白无力，不能准确反映评价对象的优点和不足之处，导致以偏概全，得出不准确的评价结论。定量评价虽有其局限性，但它能避免定性评价的随意性。因此，我们将定性评价与定量评价有机地结合起来，从实际出发对不同的评价对象分别采用不同的定性或定量的方法，或定性与定量相结合的方法，力求实现评价方法的多样化。

第五，重视实现评价主体多元化。实践证明，任何评价如果没有被评价者的积极参与，很难达到预期目的。我们的德育评价，不把被评价者作为被动接受检查的客体，而把他们看作参与评价的主体，采取各种途径和方法，使之积极参与评价过程。让评价者成为评价主体中的一员，并加强评价者与被评价者之间的交流互动，不仅可以使被评价者积极配合，保证评价工作顺利进行，而且能促进被评价者通过参与和交流，主动检查自己的工作和成绩，改进自己的不足之处，吸取他人的经验，有利于进一步完善自我。因此，我们坚持自评与他评相结合，努力实现评价主体的多元化。

第六，重视实现评价方式合理化。德育评价有两种评价方式：终结性评价与形成性评价。终结性评价就是对德育的达成结果进行恰当的评价，指的是在德育活动结束后为判断其效果而进行的评价。终结性评价是检测学生发展程度的重要途径，也是反映德育效果、学校办学质量的重要指标之一。这种评价是在一种正式的、封闭的和严肃的氛围中进行的，易使学生产生焦虑感和紧张感。形成性评价又称过程评价，是在德育过程中进行的，是为引导德育过程正确、完善地前进而对德育效果进行的评价。形成性评价更注重从被评价者的需要出发，重视学习的过程，重视学生在学习中的体验；强调人与人之间的相互作用，强调评价中多种因素的交互作用，重视师生交流。形成性评价的主要目的为了选拔少数优秀学生，而是发现每个学生的潜质，促进学生的学习，并为教师提供反馈。学校德育评价不能只看到学校德育的结果，还必须对学校德育的过程进行评价；不能只看到学校和学生的现实表现，还要看到学校德育的发展潜力和学生思想品德的发展趋势。也就是说，德育评价不能只注重学校德育结果，而应该结果与过程并重。因此，我们坚持终结性评价与形成性评价相结合，注重德育评价方式的合理性。

（四）建立学校、家庭和社区一体化德育机制

机制，是指有机体的构造、功能及其相互关系，亦指协调各个部分之间关系以更好地发挥作用的具体运行方式。德育机制就是指协调德育各个方面的关系以更好地发挥德育作用的具体运行方式。《关于进一步加强和改进未成年人思想道德建设的若干意见》指出："家庭教育在未成年人思想道德建设中具有特殊重要的作用，要把家庭教育与社会教育、学校教育紧密结合起来"，"要与社区密切合作，办好家长学校、家庭教育指导中心，并积极运用新闻媒体和互联网，面向社会广泛开展家庭教育宣传，普及家庭教育知识。"实践证明，学校、家庭、社区"三位一体"德育机制的有序运行，能够形成浓厚的德育氛围和强大的德育合力，促成大德育环境全面优化，从而对学生思想品德的形成与发展起到潜移默化的作用，以增强德育效果。

"问题导向"初中地方德育课程意在建立学校、家庭和社区一体化的德育机制。这一德育机制重视以下几点：

第一，重视发挥学校德育的主体作用。我们积极实施"问题导向"初中德育课程，坚持以德育为核心，全面推进素质教育，在全面落实德育常规的基础上，突出重点，狠抓德育课程改革，切实加强和改进学校德育工作，充分发挥学校德育在德育中的主体作用。

第二，重视强化家庭德育的重要作用。没有家庭德育的学校德育和没有学校德育的家庭德育都不可能完成培养人这一极其细微而复杂的任务。我们重视强化家庭德育的重要作用，以家长、学校为核心构建了以校级家长委员会为核心的家庭德育网络系统，形成家校合力；我们广泛开展家长开放周、家长联系日等活动，以家校活动为纽带，形成德育合力；以家长学校为依托，让家庭德育和学校德育有机融合，全面提高家长素质和学生素质。

第三，重视发挥社区的德育功能。社区德育是学校德育的补充和延伸，是形成德育合力必须重视的重要力量。为建立一体化德育机制，我们主动争取社区德育力量的支持，始终坚持走进社区、服务社区的理念，每年都举办"争做环保小卫士"活动，让全社区都关注学生的健康成长。此外，许多学

校还邀请老红军、老干部、老模范及具有专业特长的人员采用各种形式，对学生进行一系列健康有益的德育活动，并充分利用寒暑假时间让学生参加社区服务，接触社会，做力所能及的事。这些德育活动深受家长和学生的欢迎和喜爱，充分发挥了社区的德育功能。

第三章

课程结构与内容

　　课程结构是课程目标转化为教育成果的纽带，课程内容是依据育人目标通过一定组织形式和结构呈现出来的教育内容、活动实施和评价等，二者一起发挥着育人的价值，是课程实施活动顺利开展的依据。"问题导向"初中地方德育课程是将道德品质教育、情感教育、心理健康教育、价值观教育、公民教育等融为一体整合而成的一门区域统整、地校结合、校本化实施的地方课程，也是一门兼顾分科课程和活动课程的综合性课程，分为自我、交往、社会、国家、法治五大板块，共有15个专题的内容。本章从专题设计、课程结构形态、课堂教学模式、内容体系四个方面，来阐述"问题导向"初中地方德育课程的结构形态和内容体系。

第一节 "问题导向"初中地方德育课程专题设计

2013年9月27日，临沂市召开了全市学校德育工作座谈会议，时任副市长的侯晓滨同志出席会议并讲话。会上启动实施了"问题导向"初中地方德育课程建设工程，确立了"以生为本，基于学校，区域统整，地校结合，校本实施"的课程建设总原则和"一三三五"（即一个专题、三个要素、三个课时、五个环节）"问题导向"德育课程范式。在开发与实施过程中，按照"坚持方向、问题导向、政府主导、行政推动、专家引领、专业实施、整体规划、分步推进"的机制，采取"系统策划、总体设计和专题设计"三大策略整体推进。

一、"问题导向"初中地方德育课程系统策划

为推进社会主义核心价值观"三进"效果，着力培养学生核心素养，采取问题导向思维和一线工作法，努力破解中学生品德教育存在的突出问题，积极推进实效德育教学改革，我们收集了当前中学生普遍存在的问题，剖析问题的症结，对"问题导向"初中地方德育课程进行了一次系统策划。

（一）问卷调查，收集问题

2013年，为贯彻落实全市中学德育工作座谈会议精神，研究解决德育工作面临的新问题，提高中学生思想道德水平，不断强化德育工作的针对性和实效性，我们对全市中学德育工作中存在的问题进行了问卷调查。这次调研涉及学校、教师、家长和学生四个层面，深入地听、查、访、议、谈。

1.调查对象。

（1）学校：全市所有初中和高中学校，包括中等职业学校。（2）教师：班主任、道德与法治课教师和部分其他学科教师。（3）学生：全市10%左右的中学生。（4）家长：每个学校发放问卷不少于100份。

2. 调查内容。

（1）从学校和教师方面，调查中学生中普遍存在的德育问题、不同年级的中学生存在的德育问题、学校和教师对当前教育方式的看法和建议。（2）从中学生方面，调查中学生最大的困惑、最需要解决的思想、心理问题和最喜欢的教育方式。（3）从家长方面，调查中学德育中存在的主要问题、应当采取的教育方式。

3. 调查方式。

本次调研采取不记名问卷调查的形式，问卷全部为开放性问题。

4. 调查结果。

通过对调查问卷上报数据的分析，我们发现，中学生既存在共性问题，又因年龄、学段等特点存在差异，我们从中分别选出最主要的问题进行深入研究，采取有针对性的教育措施，切实解决学生思想和心理方面存在的具体问题。详细情况见附表1~4。

附表1　　　　　中学生存在的问题调查问卷（问卷对象：学校）

内容	存在的问题
1.中学生存在的普遍性问题	（1）理想信念缺失，目的性不强，对人生缺乏规划，学习无目标
	（2）集体观念缺失，没有集体荣辱感，以自我为中心，缺少合作意识
	（3）法制、纪律意识淡薄，遇事不冷静，易冲动，不能采取正确的方法处理，不计后果
	（4）感恩意识不强，漠视甚至无视父母、教师的付出和别人的帮助
	（5）生活自主能力差，没有吃苦精神，动手能力差
	（6）存在攀比心理，虚荣心强，盲目消费，不勤俭节约，极个别同学有炫富现象
	（7）沉迷网络、游戏、小说，玩手机现象普遍
	（8）缺乏正确的交往意识，特别是与父母、老师沟通少
	（9）青春期心理适应能力不强，体现在出现叛逆、焦虑、自私、任性、敏感、自我封闭等问题
	（10）承受挫折能力较差，听不得批评，易走极端

（续表）

内容	存在的问题
1.中学生存在的普遍性问题	（11）责任感、使命感缺失，是非观念不清，精神空虚，公德心弱
	（12）没有良好的文明习惯和行为习惯
	（13）缺乏健康的兴趣和爱好
	（14）身心素质差，缺乏斗志和毅力
	（15）是非观念淡薄，易交不良朋友
	（16）品德养成有所缺失，缺乏诚信
	（17）文明意识淡薄，经常出现随地吐痰、乱扔垃圾等现象
	（18）不能客观全面认识自己，出现自大和自卑心理；缺乏自强的能力，依赖心理强
	（19）重物质享受，只顾享乐，没有很好的消费观念
	（20）不能正确处理与同龄人之间的矛盾，易出现过激言行，遇到冲突易采取结伙打架等社会性处理方式
2.七年级学生存在的普遍性问题	（1）角色适应不良，小学生到中学生的转变不到位，课间仍然像小学生那样在走廊中追逐、喧哗
	（2）养成性习惯差，玩心太重，散漫，纪律性差；好动，自习课不能很好地管理自己；随意乱丢垃圾，不讲卫生；上课迟到，不注意遵守纪律
	（3）不能正确处理各种关系，人际交往能力不足，与家长、老师、同学不能很好地沟通
	（4）承受挫折能力较差，依赖性较强
	（5）乱花钱，爱吃零食
	（6）自控能力较差，行为习惯较差
	（7）是非观念不强
	（8）生活自理能力较差，对父母依赖性较强
	（9）自我意识强，自私自利，缺乏理解与宽容
	（10）缺乏与他人的沟通，难于接受家长的批评

（续表）

内容	存在的问题
3.八年级学生存在的普遍性问题	（1）因两极分化明显，学生厌学情绪逐渐显现
	（2）喜欢打扮，喜欢攀比，学生早恋现象增多
	（3）缺乏健康向上、积极的学习态度
	（4）心理问题突出，极易情绪化，自控能力较差；情绪不稳定，易怒，打架斗殴现象时有发生；逆反心理增强，不懂得与别人交流
	（5）缺乏目标意识，学习动力不足，随波逐流
	（6）处理同学关系、师生关系的能力较差
	（7）控制能力不强，易冲动，做事欠考虑
	（8）部分学生沉迷于手机、QQ聊天及网络游戏
	（9）穿奇装异服，留怪异发型
	（10）盲目追求平等独立，不愿受纪律约束；顶撞父母与老师的现象时有发生
	（11）自我意识增强，逆反心理加重
	（12）不能客观全面认识自己，出现自大和自卑心理
	（13）缺乏健康的兴趣、爱好
	（14）集体荣誉感较弱
4.九年级学生存在的普遍性问题	（1）升学就业压力较大，学习压力过大，焦虑严重
	（2）反抗意识较强，问题处理极端化，不愿与父母、老师沟通，自我封闭
	（3）部分学生厌学现象严重，失去学习动力
	（4）缺乏责任感，纪律自由散漫，情绪焦虑，易冲动
	（5）缺乏正确的审美意识，理想信念缺失
	（6）想了解社会，却不能很好地接受别人的建议
	（7）不能正确地选择自己的未来之路
	（8）失落情绪较重

（续表）

内容	存在的问题
	（9）沉迷网络与手机
	（10）理想不明确，奋斗目标不明确
	（11）自主意识强烈，缺乏合作意识
	（12）承受挫折能力较差，出现自暴自弃的现象
5.当前学校的教育方式和方法存在的问题及你的建议	（1）学校重成绩轻德育，德育工作流于形式
	（2）全员德育意识淡薄，学科德育渗透不够
	（3）德育工作方法和手段缺乏创新，德育教育内容与现实脱节，德育缺乏系统性和序列化，心理健康教育课重视程度不够
	（4）现行的制度缺乏约束力，教师不敢加强管理，说服教育效果差
	（5）家庭、社会教育与学校教育联系不够，严重脱节
	（6）教育资源分配不公
	（7）一考定终身，使很多人输在起跑线上
	（8）缺乏公平教育，学校及老师的水平不一
	（9）学习负担过重，造成学生身体素质明显下降
	（10）重分轻德的学校和家庭教育导致学生道德素养不高
	建议： （1）成人、成才同等重要，要组织灵活多样的德育活动，把德育工作落到实处 （2）开发校本课程，拓展特色课堂，注重人文教育，人人参与，人人都是德育工作者 （3）应制订科学合理的德育计划，做好心理问题的预防 （4）明确责任，积极引导，强化德育工作落实 （5）社会、学校、家庭加强沟通与联系，共同教育培养

附表2　　　　　中学生存在的问题调查问卷（问卷对象：家长）

内容	存在的问题及采取的教育方式
1.中学生存在的普遍性问题	（1）对父母有依赖心理，自控能力差
	（2）学生早恋现象比较突出
	（3）受社会不良习气影响，学生行为习惯较差，说脏话、打架等现象明显
	（4）上网、玩手机现象普遍
	（5）与老师、父母沟通少，逆反心理严重；不听话，嫌父母唠叨，不懂得感恩
	（6）承受挫折能力较差，自私自利心理严重
	（7）没有吃苦精神，无毅力，不能吃苦；没有上进心
	（8）攀比盛行，贪图享乐，不热爱劳动，勤俭节约意识淡薄
	（9）受网络影响较大，上网成瘾
	（10）交不良朋友
	（11）考试焦虑
	（12）公德心弱
	（13）青春期闭锁心理
	（14）生活自主能力差，动手能力差
	（15）纪律观念差
	（16）没有很好的消费观
	（17）不够团结，无团体意识，只注重个体发展
	（18）存在厌学情绪
	（19）没有良好的学习习惯和行为习惯
	（20）以自我为中心，我行我素，不顾及他人感受

（续表）

内容	存在的问题及采取的教育方式
2.对于存在的问题，应当采取哪种教育方式	学校层面： （1）要加强德育队伍建设，提高队伍素质，以说服教育为主，不要用粗暴方式对待学生，多和学生进行情感交流，因材施教 （2）要改变评价学生的体系，不唯成绩论英雄。开展适合中学生身心健康发展的文体活动，培养学生健康的兴趣和爱好 （3）将学校的严格管理纳入平时的教育工作，创造良好的学校风气，加大对优秀学生的表彰力度，加强对违纪学生的管理力度 （4）重视学生心理健康教育，要多举办专题讲座，预防心理问题的发生 （5）加强励志教育和感恩教育，让学生多体验生活，教育引导与道德实践并重 （6）教师、家长要多沟通，互相配合，共同创造良好的教育环境
	教师层面： （1）创造成功机会，满足学生高层次的需要；信心是前进的源泉，进取是成功的根本。在学习上，气可鼓而不可泄，教育的技巧就在于如何创设成功机会，满足学生高层次需要；厌学者的显著特点是丧失了信心，老师可适当地降低学习要求，创设情境，让学生成功，使他们体验到成功的喜悦，满足他们尊重的需要 （2）利用多种途径，培养学习兴趣。兴趣是最好的老师，兴趣是求知的向导，学习动机的表现之一就是对学习内容的浓厚兴趣，它是学习的一种内在动力

（续表）

内容	存在的问题及采取的教育方式
2.对于存在的问题，应当采取哪种教育方式	（3）提高课堂教学艺术，满腔热情关心学生。中学教师要根据教材和学生的特点，采用灵活多样的教学方法，激发学生的好奇心和求知欲，点燃学生智慧的火花，而不能采用单调死板、照本宣科、满堂灌的教学方式，以免学生处于一种枯燥无味的心理状态，致使学生感到学习成了一种枯燥无味的负担 （4）争取家长配合，形成教育合力。家长是孩子的第一任老师，家庭是孩子成长的土壤，因此在帮助学生纠正厌学心理的过程中，不能忽视家庭对孩子的影响
3.现在的教育方式有什么需要改进的地方及你的建议	（1）学校重成绩轻德育，德育工作流于形式。部分学校领导对德育工作的重视程度不够。一些学校认为，学生的学习成绩好，教师有业绩，学校有光彩，这是现实的、看得见的东西；中考、高考成绩是追求的终极目标，而思想品德是隐性的，短时间也显示不出来。因此，不愿把精力和时间更多地花在对学生思想品德的教育上 要在学科教学中改变"重智轻德"倾向，全面贯彻党的教育方针，切实把以德育人放在首位，促进学生德、智、体、美的全面发展。与时俱进，各学科教学应增加适应时代发展要求的新内容，密切联系实际；遵循学生认知、品德形成和发展规律，从学生的知识结构和身心特点出发安排教学内容。下大力气开发校本课程，加强学生社团建设，做到人人有社团、周周有活动、月月有展示
	（2）德育工作方法和手段缺乏创新，德育缺乏系统性和序列化。一是部分学校德育工作的管理水平还停留在表层，没有深入了解学校教师和学生的思想状况，不研究探索德育工作的新情况、新问题。二是对学生评价缺乏综合性引导。教育内容与生活脱节，很多形式上的德育活动因脱离学生实际成了无效劳动，小学、初中、高中相互之间缺乏有机衔接。三是受安全因素的影响，学校德育工作以"不出事"为最高标准，部分学校很少给学生创设亲身感悟与实际体验的机会，只有课堂和学校的空间，导致学生很难有震撼心灵和刻骨铭心的教育实践，使原本实践性很强的德育成了简单的

（续表）

内容	存在的问题及采取的教育方式
	概念灌输和纯粹的道德说教 　　主管德育的领导及工作人员要加强学习，更新观念，借鉴外校经验，循序渐进，适当组织积极有效的校内集体活动，在条件许可的情况下开展校外社会实践活动，做到月月有主题、周周有活动、事事有总结
3.现在的教育方式有什么需要改进的地方及你的建议	（3）德育队伍建设迫在眉睫。一是班主任作为德育工作的骨干力量，工作压力与政治待遇及经济待遇不相适应，特别是班主任津贴很低，各中小学校对此反映强烈，严重影响了班主任的工作稳定性、积极性。同时，对班主任校本培训缺乏实效，班主任的班级管理水平和育人能力与现实要求不相适应。二是"学高为师，德高为范"信念在教师队伍中缺乏，还有少数教师道德失范、品行欠佳，学校对师德的评价考核体系不健全 　　要强化对德育队伍的培训力度，争取上级培训，立足校本培训，多出实效。开展班主任专业化技能大赛，组织班主任外出参观、学习，不断提升班主任管理水平。要提高班主任的待遇和地位，在工作量核定、班主任津贴、年度业务考核、教师职称评聘、评优晋级等方面制定切实可行的优惠政策，充分发挥班主任在学校德育工作中的骨干作用，使班主任工作成为全体教师羡慕的岗位
	（4）学生思想道德和心理素质亟待提高。学生思想道德和心理素质方面存在的主要问题：一是部分学生依赖性强，自理能力差，责任心不强，缺乏自理自立、自我保护意识；二是部分学生的心理存在一定的障碍，承受挫折能力较差，青春期心理问题严重；三是部分学生的价值取向存在务实化、功利化倾向，爱攀比，贪图享乐，不能吃苦现象严重；四是部分学生学习动力不足，厌学、迷恋上网现象突出 　　要以打造德育品牌和特色活动为引领，彰显德育工作生命力，创新开展德育特色活动。开展文明班级、文明学生评选活动，使之真正成为学校德育工作的优质资源。建设好心理健康咨询室，有针对性地举办心理健康讲座，及时帮助学生解决心理问题。建立德育网站，实现校区德育资源共享，德育上下互动、过程互动，充分利用网络优势拓展德育新途径

（续表）

内容	存在的问题及采取的教育方式
3.现在的教育方式有什么需要改进的地方及你的建议	（5）家庭与社会的不利因素削弱了德育工作。一是家长不良行为的负面影响。不少家长的主要精力都花在赚钱上，缺乏健康的生活方式及正确的教育方法，家庭环境不良，让孩子出淤泥而不染是非常困难的。随着单亲家庭、外来务工家庭的增多，这些特殊背景的学生教育面临着新的问题。二是社会上拜金主义、享乐主义、极端个人主义思想对学生影响很大，部分学生社会公德意识较差，良好的文明行为习惯还没有养成，学生对美与丑、善与恶、是与非的分辨能力还需进一步增强。三是受网络影响较大，上网、玩手机现象普遍，网上的血腥暴力游戏、黄色信息等内容严重危害未成年人的身心健康 　　要以办好家长学校为基础，进一步建立家庭、学校、社会三位一体德育网络，达到齐抓共管的效果。增加学校与社会良性双向交流的机会。学校可通过组织旅游、参观、军训、调查等多种形式的社会实践活动让学生了解社会、增长见识、锻炼毅力，也可以举办各种形式的讲座、专题报告等引导学生树立正确的人生观、价值观和世界观，还可以邀请一些社会成功人士讲述创业的经历使学生能更好地体会到创业所需要的各种品质和文化知识，促使学生提高思想品德，养成良好行为规范
	百业教当先，五育德为首。学校德育工作是一项系统工程，是事关广大青少年学生和千家万户的切身利益、事关国家前途和命运的大事。要坚持德育观念现代化、德育体系规范化、德育内容基础化、德育方法多样化、德育管理科学化的原则，创造性地做好区域学校的德育工作。坚持育人为本、德育为先，以高度的事业心、责任感切实肩负起区域学生思想道德教育的历史使命，并以此次德育工作调研为契机，齐心协力，扎实工作，开拓创新，为区域德育工作提高新水平、再上新台阶做出更大的贡献

附表3　　　中学生存在的问题调查问卷（问卷对象：教师）

内容	存在的问题及建议
1.中学生存在的普遍性问题	（1）存在厌学情绪
	（2）缺少法制意识、感恩意识
	（3）生活自主能力差
	（4）上网、玩手机现象普遍
	（5）与老师、父母沟通少，逆反心理严重
	（6）承受挫折能力较差，自私自利心理严重
	（7）没有吃苦精神
	（8）盲目攀比，勤俭节约意识淡薄
	（9）受网络影响较大，网络成瘾
	（10）交不良朋友
	（11）考试焦虑
	（12）公德心弱
	（13）青春期闭锁心理
	（14）动手能力差
	（15）纪律观念差
	（16）没有很好的消费观
	（17）不够团结，无团体意识，只注重个体发展
	（18）有依赖心理
	（19）没有良好的学习习惯和行为习惯
	（20）以自我为中心，我行我素
2.七年级学生存在的普遍性问题	（1）学习没有计划，不主动
	（2）自我意识较强，团队意识淡薄
	（3）学习压力过大，有焦虑感

（续表）

内容	存在的问题及建议
2.七年级学生存在的普遍性问题	（4）人际交往能力不足，依赖性较强
	（5）承受挫折能力较差
	（6）适应能力较差，不能尽快进入学习状态
	（7）学习方法不当，没有用科学的学法指导学习
	（8）时间分配不当
	（9）学习主动性较差
	（10）不爱学习，贪玩
	（11）新环境的适应能力不强
	（12）行为习惯差，口出脏话，缺乏礼貌
	（13）生活自理能力较差，对父母依赖性强
	（14）自我意识强，自私自利，缺乏理解与宽容
	（15）缺乏与他人的沟通，难以接受家长的批评
3.八年级学生存在的普遍性问题	（1）学习不主动，自控能力较差
	（2）进入青春期，与家长、老师交流少，逆反心理严重
	（3）不能客观全面认识自己
	（4）情绪不稳定，易怒
	（5）两极分化严重，学习动力不足
	（6）处理同学关系、师生关系的能力较差
	（7）缺乏目标意识，随波逐流
	（8）控制能力不强，易冲动，做事欠考虑
	（9）不爱学习
	（10）爱穿奇装异服，留怪异发型，且不听劝阻
4.九年级学生存在的普遍性问题	（1）升学压力较大
	（2）反抗意识较强，问题处理极端化，不愿与父母沟通

（续表）

内容	存在的问题及建议
4.九年级学生存在的普遍性问题	（3）部分学生厌学现象严重，失去学习动力
	（4）缺乏责任感，纪律自由散漫，情绪焦虑，易冲动
	（5）缺乏正确的审美意识，理想信念缺失
	（6）想了解社会，却无法很好地接受别人的建议
	（7）无法正确地选择自己的未来之路
	（8）失落情绪重
	（9）学习压力过大，焦虑严重
	（10）沉迷网络与手机
5.当前学校的教育方式和方法存在的问题及你的建议	（1）教育方式单一，不灵活，自主时间太少
	（2）全员德育意识淡薄，填鸭式教育仍是主流，学科德育渗透不够
	（3）以成绩论成败，素质教育流于形式，德育缺乏系统性和序列化，心理健康教育课重视程度不够
	（4）现行制度缺乏约束力，教师不敢加强管理，说服教育效果差
	（5）社会风气扭曲了学生的价值观、人生观，家庭、社会教育与学校教育联系不够，严重脱节
	建议： （1）多开展文体活动，让学生快乐学习、成长 （2）开发校本课程，拓展特色课堂，注重人文教育，人人都是德育工作者，健全心理咨询室，让学生学会合理宣泄、发挥 （3）减少成绩在学校考评中的比重，制订科学合理的德育计划 （4）经常开展法制、安全教育报告会，加强未成年人法制教育，明确责任，积极引导，强化德育工作的落实 （5）社会、学校、家庭加强沟通与联系，共同教育培养

附表4   中学生存在的问题调查问卷（问卷对象：学生）

内容	存在的问题
1.你生活和学习中的困惑	（1）自我控制力差，注意力不集中，缺乏自主学习能力，学习无动力，学习很吃力
	（2）学习压力大，作业负担重
	（3）和父母、老师缺少沟通交流。有时心理压力较大，无法释放情绪
	（4）和同学、朋友关系有时不和谐，影响学习情绪
	（5）上课一听就会，课下一做就糊涂，时间用得多，效果差，效率低
	（6）感觉学习课本上的知识在现实中能应用得很少
	（7）教学不能多实践多动手，理论和实践往往脱节严重
	（8）有个别老师只知道讲课，其他一概不管
	（9）无助、无聊，没有目标和目的
2.你最喜欢的教育方式	（1）教师亦师亦友，课堂民主，师生共同参与，朋友式的谈话教育，不要采用简单粗暴的教育方式
	（2）肯定、鼓励、引导，老师、家长尤其要率先垂范
	（3）轻松愉快、严格而不失幽默的课堂教学，寓教于乐是所有孩子喜欢的学习方式
	（4）不要单纯地用成绩分数去衡量学生的优劣
	（5）尊重学生的人格，保护学生的自尊心和隐私等，用赏识的眼光去看待学生
	（6）少布置作业，多开展社团活动、实践活动等
	（7）对待学生要公平，不要因为学习不好就冷眼相对
	（8）老师尽量不要拖堂，多开展一些课外活动，尤其是课间时间多让学生活动活动
	（9）学生犯了错误，老师能温柔地教导，而不是严厉地批评

（续表）

内容	存在的问题
2.你最喜欢的教育方式	（10）多动手操作
	（11）学习时不觉得有压力，使自己觉得是在幸福快乐地学习
	（12）各小组存在竞争，并以此为动力
	（13）给学生足够的时间去学习、掌握，而不是只依靠死记硬背，要学会并记住，提高学习兴趣
	（14）生动活泼、有趣而又不拘形式的情境方式，养成以在日常生活中学会学习、吸收知识为乐的习惯
	（15）不上课表以外的课，不让学生下课做作业
	（16）德智体美都能有所发展，各种素质都能提高，而不是只会学习
	（17）希望周六、周日能有足够的时间整理笔记与错题集
	（18）课堂气氛不要太紧张，否则容易心慌
3.你认识的同学中存在的思想品德方面的问题	（1）说脏话，法律意识淡薄，道德修养较差
	（2）攀比吃穿，花钱大手大脚；贪图安逸，追求享受，缺乏勤俭节约的意识
	（3）沉迷于玩手机、虚拟网络世界
	（4）不尊重父母、老师，缺少责任意识
	（5）过度依赖父母，自控能力较差，自私现象严重；不诚实守信，不关心他人
	（6）自卑、封闭、性格孤僻，存在逆反心理
	（7）与同学不团结，不能互爱互助
	（8）有的学生因迷恋上网而逃课、偷钱、抢劫，精神空虚，甚至迷恋暴力、色情
	（9）贪图安逸
	（10）追求享受，缺乏艰苦朴素的精神

（续表）

内容	存在的问题
3.你认识的同学中存在的思想品德方面的问题	（11）部分同学缺乏最起码的生活自理能力，更缺乏坚强的意志，怕苦、怕累、怕挫折
	（12）干什么都怕吃苦，在家不干家务，不听父母的话
4.你认识的同学中存在的心理方面的问题	（1）青春期叛逆，和父母、老师关系不和谐；不善于和同学交往
	（2）学习的压力特别大
	（3）互相攀比，花钱大手大脚；贪图安逸，追求享受，缺乏勤俭节约的作风
	（4）沉迷于玩手机和虚拟网络世界，学习畏难情绪严重
	（5）青春期的困惑（早恋、自卑等）

　　时任副市长的侯晓滨同志围绕中小学德育教育的重要意义，特别是中学阶段德育目标定位、德育方式、德育内容存在的突出问题，提出了解决问题的办法和针对性很强的指导意见。从德育的内容和形式上反复琢磨，我们最终找出了这条行之有效的路径。我们对当前初中生的道德问题梳理和归因分析，面向学生、教师、家长及社会调查了解，收集归纳出当前青少年中存在最突出的共性问题，列为基本题目；归纳梳理当前社会发展形势下初中学生存在的道德问题，深入研究、开发德育案例和教案、视频教材，并将研究成果作为地方教材来推广使用。为解决这些实际存在的问题，祖旭东局长多次召开党委会议和论证会议，亲自向省教育厅主要领导汇报，拿出了解决问题的方案。

　　以上工作的开展为德育专题的开发与实施奠定了组织领导、思想理念、高端引领、研发团队的基础，也提供了财力、物力等保障条件。

（二）剖析问卷，形成专题

我们对调查问卷的材料和数据进行了全面的分析和深入的调查研究，归纳整理出15个德育专题，比如诚信问题、感恩问题、理想问题（包括理想信念模糊、缺乏远大目标或目标不明确）、心理问题（包括易冲动、任性、脾气暴躁、自尊心过强、交流沟通有障碍、合作意识不强、爱面子等）、早恋问题、法制问题（包括打架斗殴、违法犯罪等）、网络游戏问题、手机问题、责任问题、爱国问题（包括国家观念不强、民族自尊心和自豪感缺乏正确引导）、等。面对中学生存在的以上突出问题，我们力求解决三个问题：立德树人根本任务如何落实？社会主义核心价值观教育目标如何达成？什么样的形式和内容更容易被中学生接受？

这15个德育专题立足临沂地域特点和沂蒙文化传统，以学生日常学习、生活行为中存在的道德问题为导向，形成体现地域特点和当地青少年成长特点和规律的"问题导向"课程体系，有利于解决临沂地域内青少年成长过程中遇到的普遍性问题，也为相同地域中小学德育研究提供范例。为了开发视频德育教材教案，2013年9月，临沂市组织全市120多人的研发团队，共同梳理出15个德育专题进行一期研发，每个专题均开发制作出学生观看的视频教学资料时长约40分钟，收集编制配套的教学指导和参考资料，并录制配套的示范课，做到德育教育与问题衔接、生活衔接，提升德育的实效性和生命力。可以说，这是一项以临沂市为区域单元整体推进"立德树人"工作的德育改革工程，为学校德育工作提供了抓手，实现了德育课堂的根本转型，整体推进了初中地方德育课程改革。研发这些"问题导向"德育专题，旨在打造体现立德树人、以生为本的具有针对性和实效性的德育课堂。

附表5　　　　　　　"问题导向"初中地方德育专题选题

序号	存在的问题	教育专题	分类	开设年级
1	不尊重父母，顶撞父母、老师现象时有发生	孝敬	品质	初一
2	撒谎，考试作弊，缺乏诚信，品德养成有所缺失	诚信	品质	初二

（续表）

序号	存在的问题	教育专题	分类	开设年级
3	感恩意识不强，漠视、无视他人的付出	感恩	品质	初一
4	凡事以自我为中心，存在自私心理，不懂得分享	分享	品质	初二
5	缺乏责任感、使命感	责任	品质	初三
6	与父母、老师和他人沟通少，缺乏团队与合作意识	交流合作	行为习惯	初一
7	人际交往能力不强，不能正确对待异性朋友，不会化解矛盾	交往	行为习惯	初二
8	喜欢攀比打扮，早恋现象增多	早恋	行为习惯	初二
9	沉迷于网络、游戏、玩手机	手机和网络	行为习惯	初一
10	承受挫折能力差，依赖性强，学习压力大，焦虑	挫折与减压	心理健康	初二
11	易冲动，易走极端，易出现过激言行，自控能力差	冲动与自控	心理健康	初二
12	国家、民族意识不强，不恰当的极端爱国行为	爱国	价值观	初二
13	理想信念缺失，学习无目标，对人生缺乏规划	人生理想	价值观	初三
14	是非观念淡薄，易交不良朋友，法制纪律意识淡薄	法制教育	法治	初二
15	易出现冲突，易打架斗殴，不懂得珍惜生命，自我保护意识差	生命与安全	安全	初一

二、"问题导向"初中地方德育课程总体设计

　　"问题导向"初中地方德育课程的实施，是为了全面落实教育部印发的《教育部关于全面深化课程改革　落实立德树人根本任务的意见》和《义务教育课程标准》，深化道德与法治课教学改革，打破用学科化思维去理解道德与法治的弊端，彻底转变道德与法治课"教课本"的传统教学观，扣住课本，跳出课本，回归到学生生活、社会人生的轨道，促进学生良好品德的形成，进一步增强德育的针对性和实效性，真正实现从"教课本"到"教生活"的转变，力图从根本上实现从学科逻辑向生活逻辑的转变与超越。

　　"问题导向"初中地方德育课程研发与实施是临沂市德育综合改革的一个重大行动，是一项"坚持方向、问题导向、政府主导、行政推动、专家引领、专业实施、整体规划、分步推进"的"市长工程"，旨在全面深化课程改革，转变教育发展方式，整体构建具有临沂特色的立德树人教育体系，将社会主义核心价值观教育贯彻到教育教学全过程，进一步提升学校教育质量和育人水平，促进全市青少年思想道德水平和核心素养的发展。

　　我们紧紧围绕德育课程的四个要素，研究构建反映青少年成长过程、体现核心素养的德育课程标准；研究开发具有人文性、动态性、地域性、可操作性的丰富视频德育资源库，选择贴近青少年成长的最近发展区，以孝敬、诚信、感恩等15个德育专题为核心的德育课程体系；围绕立德树人根本任务，研究构建以统筹育人环节、学段、教育阵地、各方力量、学科课程为主要内容的课程实施策略体系；研究构建有利于学生可持续发展的"问题导向"初中地方德育课程评价体系。

　　"问题导向"初中地方德育课程总体设计包括以下10个方面：区域学生德育问题现状调查研究，临沂地域文化传统对当地青少年儿童道德品质的影响研究，转型期青少年身心发展特点与德育规律研究，问题导向德育课程标准建设研究，问题导向德育课程资源库建设研究，问题导向德育课程建设共同体机制研究，问题导向德育队伍建设研究，以学生核心素养形成为核心的学科德育资源建设研究。以学生核心素养形成为核心的德育评价体系研究，以核心专题研究为纽带的学校特色德育课程整合研究等。

三、"问题导向" 初中地方德育专题化设计

我们根据当前中学生中实际存在的思想问题确定教育专题，编制专题教育课程，统一教育内容、形式和方法，在全市初中实施统一的德育专题教育活动，运用视频案例、讨论、辩论等方式，切实解决学生思想和心理方面存在的具体问题，真正提高学生的思想道德水平。

（一）"问题导向" 初中地方德育实验课程专题开发阶段

2013年11月，为加快完成 "问题导向" 初中地方德育课程开发任务，我们组织力量制定了《临沂市 "问题导向" 初中地方德育课程开发工作实施方案》，成立了由国内知名专家、全市骨干校长、学科骨干教师组成的120多人的开发团队，从此拉开了 "问题导向" 初中地方德育课程开发的序幕（附表6）。根据课程开发工作的需要，团队集中召开了多次 "课程开发工作推进会议" "课程开发工作调度会" "课程资源评议会"，解决了课程开发过程中遇到的一系列问题，研究优化了课程开发的一些具体方式方法。15个专题小组反复听取专家的指导意见，就视频的选取、录制，教学活动、教学环节的设计，反复研讨、打磨，对初步录制的观摩课集中观课、议课、磨课。

附表6　　　"问题导向" 初中地方德育课程开发工作时间安排

项目	工作内容	工作步骤	完成时间	责任人
课程开发	成立工作组	确定工作组成员	2013年11月15日	张德仁
		明确任务分工	2013年11月15日	
		联系聘请专家顾问	2013年11月22日	宋玉良
		申请专项经费	2013年11月30日	张德仁
	编制课程	召开讨论会，明确任务、要求和分工	2013年12月10日	宋玉良
		编写视频制作脚本	2013年12月30日	
		收集资料	2014年1月30日	
		编制初稿	2014年3月30日	

（续表）

项目	工作内容	工作步骤	完成时间	责任人
课程开发	编制课程	讨论定稿	2014年4月10日	宋玉良
		视频制作	2014年5月10日	
		编写讲义和教参	2014年5月10日	
		专家审核、政策法规审核	2014年5月15日	
课程实验	实验	在部分学校中进行实验	2014年5～6月	
	反馈	收集反馈情况	2014年6月	
	修改	根据实验情况对课程进行修改	2014年6月	
课程制作	送审	有关部门审核	2014年7月	张德仁
	制作出版	根据学校数、班数等确定数量，制作光盘	2014年7月	
教师培训	管理人员培训	教育管理人员、初中校长参加	2014年7～8月	宋玉良
	教学人员培训	教研员、思想品德课教师参加，分5期		
课程实施	发文	下发文件，确定课程要求、课时安排等	2014年8月	张德仁
	开课	在全市全部初中学校开课	2014年9月	宋玉良

2014年9～10月，课程开发团队组织业务骨干对各专题相关的视频资料、教学设计、课件及示范课进行了认真评析和梳理，进一步分析解决问题，继续提高课程质量。

开发团队广泛征求领导、专家和教师的意见和建议，对课程设计思路进一步调整优化，围绕德育课程的目标、内容、实施策略、主体、评价等因素进行课程专题开发，构建青少年成长过程中体现核心价值的课程标准。开发具有人文性、动态性、地域性、可操作性的丰富的视频德育资源库，于2015

年1月20日至2月5日在临沂第三十五中学集中进行了二次录制，形成了首批实验课程（附表7）。实验课程包括孝敬、诚信、感恩、分享、责任、爱国、交往、早恋、合作、网络、挫折、冲动、理想、法制、安全等15个德育专题的15张光盘，每张光盘都含有视频、课件、主题课程设计、"问题导向"德育课程使用说明等材料。

附表7　　"问题导向"初中地方德育课程实验课程授课教师名单

单　位	教　师	专　题
兰陵实验中学	赵玉新	感恩
临沂六中	许　光	责任
临沂三十二中	王瑞超	诚信
临沂益民实验中学	郝　彬	法制
临沂三十三中	陈莹莹	合作
临沂九中	臧玉清	分享
临沂三十中	彭媛媛	爱国
临沂十一中	王媛媛	交往
临沂二十九中	陈金光	早恋
临沂汪沟中学	王进举	安全
郯城实验中学	李　超	网络
临沂二十中	闫翠香	冲动
临沂二十七中	管秀兰	孝敬
沂州实验学校	王乐晓	挫折
临沂西郊国际学校	宋　健	理想

2015年5月7日，临沂市召开了"问题导向"初中地方德育课程实验工作推进会议，对课程实验工作作出了全面安排。会后，"问题导向"初中地方德育课程实验在全市有序展开，从全市遴选70多所学校进行集中实验。实验课程实施的过程也是实验学校和教师不断实践、不断完善、不断学习、不断碰撞、不断交流提高的过程。

（二）精品课程打造与成果推广

首先，为继续打造德育精品课程，针对实验过程中发现的课程视频来源出处、视频清晰度、视频内容等问题，课程开发领导和工作组又对专题主视频的选取作了充分的论证，对课程进行二次深度开发，提出了更新更高的要求，打造精品课程，进行主视频高清录制，制作精品教案、精品课件和示范课等。

其次，临沂市教育局聘请专业团队拍摄了基于临沂市乡土文化、临沂市师生自己的德育故事、主题鲜明的15组主题视频。为了指导教师用好视频案例，工作组又组织了学科优秀骨干教师集中解读视频、接受专家指导和培训。工作组于2015年10月8日至19日在临沂沂州实验学校对重新调整完善的15个专题课进行了精心录制，形成了感恩、孝道、礼貌素养文明、合作、生命与敬畏、冲动与自控、规则与法律、爱国、责任的重量、理想、诚信、美好的友谊、沟通、挫折、虚拟与现实等15个德育专题精品课程（附表8）。

附表8　"问题导向"初中地方德育课程（精品课程）授课教师名单

单　位	教　师	专　题
临沂实验中学	王　鑫	美好的友谊
临沂外国语学校	武玉翠	诚信
临沂外国语学校	郑　健	挫折
临沂实验中学	毛艳婷	沟通

（续表）

单　位	教师	专　题
临沂第四十中学	顾晨旭	责任的重量
临沂第十一中学	工　娟	理想
临沂朱宝中学	陈　浩	爱国
临沂实验中学	王　鑫	虚拟与现实
临沂实验中学	唐琳琳	冲动
临沂外国语学校	郑　健	规则与法律
临沂外国语学校	武玉翠	合作
临沂第十二中学	王　娟	礼貌素养文明
临沂第二十七中学	管秀兰	孝道
临沂实验中学	毛艳婷	感恩
临沂第三十二中学	马　强	生命与敬畏

再次，该德育课程首先在初中一年级、初中二年级开设，初中一年级开设7个专题，初中二年级开设8个专题，每学期3～4个专题，平均每月1个专题。在课时上，每个专题135分钟（下午连续上三节课或分三次上课）。专题课堂分为五个环节：观看视频教学资料，约40分钟；分组讨论，约40分钟；分组展示讨论结果，约30分钟；教师总结形成教学结论，约20分钟；布置开放性作业，约5分钟。

最后，这15个专题精品课程首先在全市298所实验学校推广，边实验，边总结。每一所实验学校可根据自己的活动安排、道德与法治课程内容、班会内容来灵活确定所需要的专题内容，既可以分专题进行主题性教育，也可以实施国家课程校本化策略，充分挖掘专题中的故事内涵以及精品课程主题视频中的地域特点、乡土气息和美育因素，通过统筹、整合、创新将德育内容进行科学系统设计，形成有目标、有方案、有评价、体系完整和富有特色的德育课程体系。

2015年6月，"问题导向"初中地方德育课程被教育部确定为德育课程建设研究推进项目。"问题导向"初中地方德育课程的开发与实施推动了学校德育的整体变革和创新。

第二节 "问题导向"初中地方德育课程结构形态

"问题导向"初中地方德育课程的结构与形态主要是指课程的存在和表现形式。课程的本质决定着课程的结构形态，反过来，透过课程的结构形态，又可以加深对课程本质的理解。"问题导向"初中地方德育课程的基本结构框架和基本内容框架，构筑起地方德育课程的总体结构形态，透过这一形态，我们深化了对德育课程本质意义的理解，有助于增强课程育人的意识和课程素养的提升。

一、"问题导向"初中地方德育课程基本结构框架

我们针对初中生存在的普遍性问题，结合教育教学实际，构建了"问题导向"初中地方德育课程的结构框架（附图1）。

"问题导向" 初中德育课程

- 课程背景
  - 学生背景
  - 德育背景
  - 区域背景
- 课程理念
  - 生长德育观
- 课程目标
  - 总体目标
  - 研发目标
  - 实施目标
- 课程内容
- 课程实施
  - 实施原则
  - 实施策略
  - 实施方案
- 课程模式
  - 内涵及特征
  - 理念及方法
  - 情境及资源
  - 时空与主体
  - 课堂基本范式

- 自我板块
  - 生命与敬畏
  - 挫折之千锤百炼
  - 冲动与自控
- 交往板块
  - 孝道
  - 感恩
  - 美好的友谊
  - 沟通
  - 文明从礼貌开始
- 社会板块
  - 诚信
  - 在合作中成长
  - 责任的重量
  - 虚拟与现实
- 国家板块
  - 我的理想
  - 何为爱国
- 法治板块
  - 从规则到法律

- 课程管理
  - 课程总体规划
  - 全员育人制度
  - 一体化育人机制
- 课程保障
  - 加强组织领导
  - 健全德育教师队伍
  - 经费和保障条件
- 课程评价
  - 德育教学考评制度
  - 德育教师评价激励制度
  - 学生综合素质评价制度

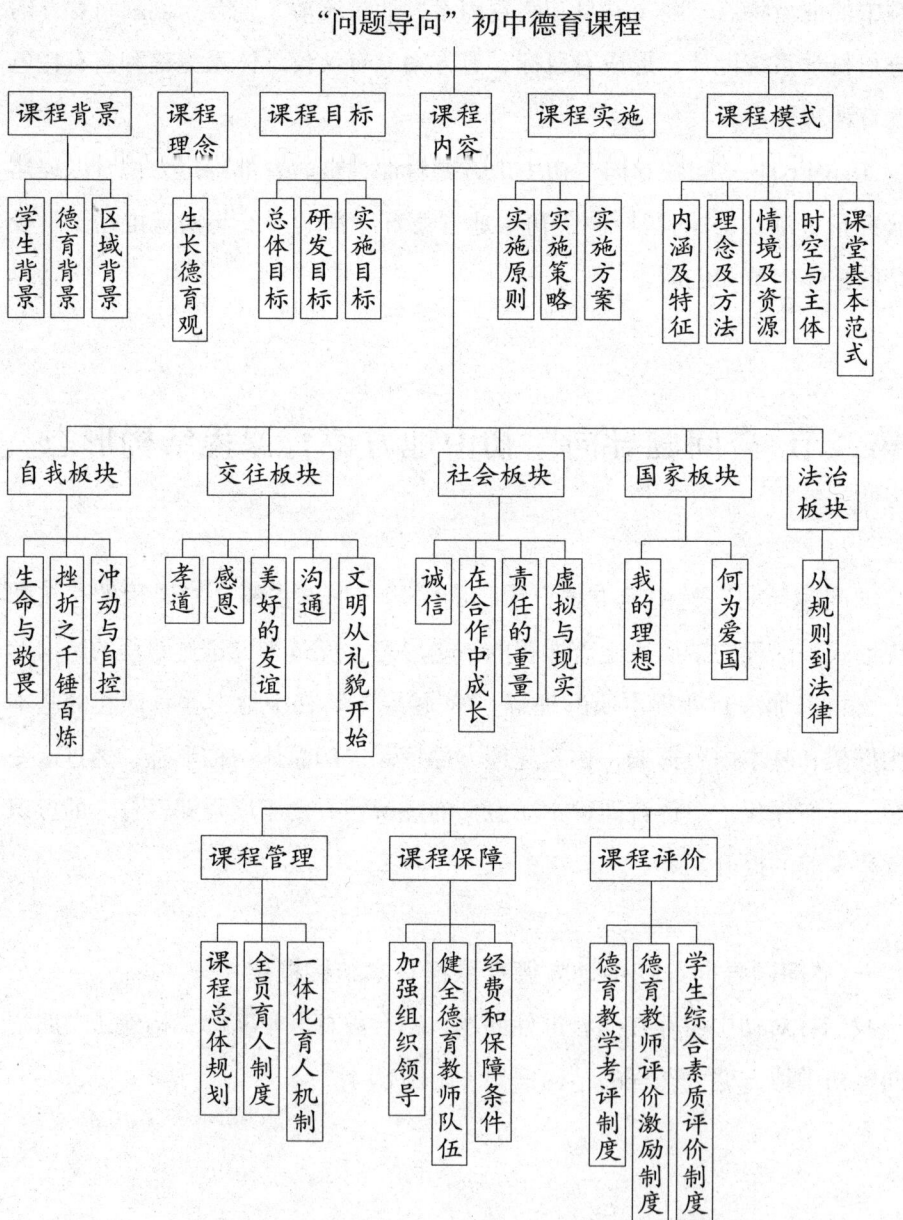

附图1 "问题导向" 初中地方德育课程框架

二、"问题导向"初中地方德育课程建设的基本内容框架

我们针对当前中学生中实际存在的思想品德问题，归纳整理了带有普遍性的最突出的若干个问题，研究制定《"问题导向"初中地方德育课程开发实施方案》，对照社会主义核心价值观教育要求，从国家、社会和个人三个层面确保落实、落小、落细社会主义核心价值观。从中筛选出与社会主义核心价值体系内容紧紧相连的问题，研究确定了15个德育专题。这些专题基本包含在社会主义核心价值观的24个字基本内容中（附表9）。这些问题极为重要，有些看似平常，却教学中被忽视或缺失，真正遇到时又束手无策。这些问题为培育和践行社会主义核心价值观、开发与实施"问题导向"初中地方德育课程提供了方向引领和基本遵循。

附表9 "问题导向"初中地方德育课程的基本内容框架

序号	"问题导向"初中地方德育课程主题	视频题目	社会主义核心价值观 内容	层面
1	我的理想（力量和信念，理想和生活相关，理想照进现实；鼓励学生有理想，志存高远，但理想的实现需要付出努力和代价）	《我的理想》	富强	国家层面的价值目标
2	在合作中成长(交流、分享，关注竞争中存在的自私、不包容、不接纳对方、防备心重等问题)	《在合作中成长》	和谐	
3	生命与敬畏（学生对生命的尊重和爱惜；理解生命的内涵；敬畏生命，远离危险）	《生命与敬畏》	和谐	
4	挫折之千锤百炼（挫折教育，懂得面对挫折，理性妥协，培养悦纳生活的能力）	《千锤百炼》		
5	虚拟与现实（虚拟生活是现实生活的补充，彼此相通，也彼此不同）	《虚拟与现实》		

（续表）

序号	"问题导向" 初中地方德育课程主题	视频题目	社会主义核心价值观	
			内容	层面
6	感恩	《女孩的礼物》《抗大之魂》	文明	国家层面的价值目标
7	孝道	《孝道》		
8	文明从礼貌开始（尊重、谦让，关注生活中的细节和小事，与亲友交往有礼貌）	《文明从礼貌开始》		
9	沟通	《沟通》	民主平等	社会层面的价值取向
10	冲动与自控（冲动与自控，良好情绪处理）	《莫让冲动当家做主》	自由	
11	从规则到法律（贴近日常生活，无论在虚拟生活还是现实生活中都要规范自己的言行，从行为上的规范、遵守规则，到遵纪守法，再到形成法律意识）	《从规则到法律》	公正法治	
12	何为爱国（临沂故事，理性爱国，自强自立）	《何为爱国》	爱国	公民个人层面的价值准则
13	责任的重量（担当，责任传承）	《责任的重量》	敬业	
14	诚信	《一块钱引发的诚信讨论》	诚信	
15	美好的友谊	《美好的友谊》	友善	

第三节 "问题导向" 初中地方德育课程教学模式

德育模式是德育理论与德育实践之间的桥梁，是对复杂抽象的德育理论的简约化和具体化，又是对实践经验的概括和总结。它以简明扼要的形式和易于操作的程序，反映有关德育理论的基本特征，使德育实际工作者能对抽象的德育理论有一个易于理解的具体框架。改革开放以来，我国中小学德育在德育模式的多样化与个性化方面进行了积极探索与尝试，构建了诸如情感教育模式、德育体验模式、活动德育模式、主体参与模式等多种德育模式。这些德育模式具有浓厚的本土化、个性化的特色，取得了良好的德育实效。

"问题导向"初中地方德育课程也积极构建自己的德育模式，它所构建的德育课堂教学新模式，即"问题导向德育模式"。

一、"问题导向德育模式"的内涵及特征

"问题导向德育模式"是指在德育课堂教学过程中，以中学生所存在的生活即成长问题为核心，以解决问题为驱动力，把初中学生置于复杂的、有意义的情境（特别是视频情境）中，使学生围绕真实性问题，通过解决问题来学习隐含于问题背后的有关知识，形成解决问题的有关技能，培养学生有关的情感、态度、价值观，提升学生的核心素养的德育活动结构、活动形式及实施策略。"问题导向德育模式"有以下五个特征。

第一，专题化。该模式所针对的教学内容不是学科课程中的某章、某课、某节，而是15个专题。这种专题化集目标对象的专一性、精力和组织的集中性、时间上的持久性成果和活动的系列性于一体，在实践中具有显著的特点和优点；这种专题化避免了内容的分散、无序、不系统，让德育更全面、更广泛、更深入、更具操作性，弥补了学科德育的不足，成为学科德育的有益补充。

第二，问题化。该模式的课堂教学贯穿着强烈的问题意识、鲜明的问题导向，它以精心设计的问题为教学主线，培养学生解决问题的认知能力，促进学生高级思维技能的发展，提升学生的德育素养，从而较好地实现德育目标。该模式中的问题，是驱动学生思考的基础，可以激起学生思维、启迪学生智慧、唤醒学生对相关品德的重新思索，更能够让学生通过思考对照自己、反省自我，从而能够在一定程度上修正自己的行为，让品德修养更加完善。

第三，视频化。该模式所依据的"问题导向"德育课程，在开发初期就把视频作为不可或缺的最重要的情境材料，所开发的最重要的成果也是视频光盘，在实施的时候则借助视频来进行教育教学活动。每个专题制作一张光盘，将学生要观看的视频、示范课、教学指导手册电子稿以及教学参考材料全部纳入其中。可以这样说，视频在本课程中具有极其重要的地位。

第四，互动化。该模式以互动为最重要的教学方式。这种教学方式以师生平等为前提，以师生互动、生生互动为基础，以学生合作学习、自由讨论、自主探究为特征，以对话互动为主要形式，在教师的引导下，通过对话互动来激发求知欲望，完成教学任务，达成教学目标。该模式特别重视师生、生生的多向交流互动，学生在教师的指导下深度讨论、深度思考、深度发现、深度参与、深度活动，师生密切配合，形成和谐的师生互动、生生互动以及学习个体与教学中介的互动，以产生教学共振，达到理想的教学效果。

第五，生活化。该模式所依据的"问题导向"德育课程，遵循中学生生活的逻辑，以中学生的现实生活为主要源泉，以密切联系学生生活的专题活动为载体，紧密联系学生的生活实际，将"问题导向"德育课程与学生已有的知识经验相结合，积极构建生活化的德育课堂，努力创设生活化的课堂学习环境，提炼生活化的课堂学习内容，通过与学生生活实际相联系，增加德育课程的鲜活性和吸引力，提高德育的针对性和实效性，激发学生的学习积极性，让学生在德育课程中得到道德素养的发展。

二、"问题导向德育模式"提出的理论依据

任何教学模式都是一定的教学理论或教学思想的反映。"问题导向德育模式"的理论基础主要是：

第一，价值澄清模式。价值澄清模式是由美国的路易斯·拉斯等人提出的。拉斯等人主张，要帮助人们在混乱的价值观中澄清自己的价值观，需要

通过学会评价分析和批判性思考来实现。学生需要教师的指导和帮助来形成和发展自己的价值观，学校有责任帮助学生澄清和发展他们自己的价值观。我们的社会是一个价值多元的社会，迫切需求为学生澄清价值观。而澄清价值观的责任首先依赖于学校德育。"问题导向德育模式"就肩负着澄清学生价值观的作用。

第二，道德认知发展模式。道德认知发展模式是由美国道德心理学家劳伦斯·科尔伯格等人提出的。该模式在实践中的应用主要侧重在两个方面：一是运用课堂讨论法，在课堂中开展围绕道德两难问题的讨论，激发学生积极的道德思维，使他们的思维达到较高的水平；二是建立"公共团体"，重新组织学校构成，给学生提供更多参与学校民主管理的机会。"问题导向德育模式"非常重视课堂讨论，以讨论为本模式的重要标志之一，通过讨论解决有关道德问题，也非常重视为学生提供民主化的参与机会。

第三，对话教学理论。巴西著名教育家保罗·弗莱雷大力提倡"对话式教学"。他认为，对话是一种创造性活动，教学应是对话式的。他主张，对话应在人与人之间平等地进行；爱是对话的基础，也是对话本身；没有谦虚的态度，就不可能进行对话；对人的信任是对话的先决条件，在与人面对面对话之前就要相信他人；要使对话有成效，提问是关键，教师要提出能激发学生思考的问题，要能激励学生自己提出问题；对话不是强制的，不是被人操纵的，而是双方的一种合作。该模式鲜明特点之一是互动，而互动依赖于对话，因此对话教学理论成为该模式的理论基础之一。

第四，我国的德育模式。"问题导向德育模式"既依据外国有代表性的理论或模式，也学习和借鉴我国的德育模式，主要是学习和借鉴生活德育模式、活动德育模式和情感德育模式。学习和借鉴生活德育模式，让问题导向德育回归生活，贴近生活，联系生活，解读生活；学习和借鉴活动德育模式，让问题导向德育以活动为平台，借助活动引导学生思考、讨论、探究、对话、参与、互动；学习和借鉴情感德育模式，让问题导向德育借助生动感人的视频等情感材料，滋润和丰富学生的情感，激发和培育学生的情感。

三、"问题导向德育模式"的基本要素及作用

（一）基本要素

"问题导向德育模式"的基本要素主要包括"问题导向"德育理念、"问题导向"德育方法、"问题导向"德育情境、"问题导向"德育资源、"问题导向"德育时空、"问题导向"德育主体、"问题导向"德育流程结构等七个基本要素。

第一，"问题导向"德育理念。德育理念是指人们对学校德育的理性认识，主要包括德育思想、德育观念、德育主张和德育信念等。德育理念多种多样，如和谐德育理念、生态德育理念、民主化德育理念、整体性德育理念、后现代德育理念、终身德育理念、人本化德育理念、生活化德育理念、主体性德育理念、主知主义德育理念、主情主义德育理念、主行主义德育理念、制度德育理念等。在"问题导向"德育课程构建与实施过程中，我们也尝试提出了自己的德育理念——"问题导向"德育理念。"问题导向"德育理念，是指在整个德育过程中都以问题为导向的德育，即德育目标、德育模式、德育内容和德育方法等，都围绕问题且让问题来引导，都以发现提出问题、分析探究问题、尝试解决问题、衍生新的问题为思路展开并实施德育教学活动，其目的是解决学生成长过程的各种实际问题，促进学生全面、健康、和谐发展。

第二，"问题导向"德育方法。德育方法是教师与学生在德育过程中为达成德育目标而展开的有秩序和相互联系的活动方式和手段的组合。常用德育方法包括说服教育法、榜样示范法、情感陶冶法、自我教育法、实践锻炼法、品德评价法等。德育方法是提高德育实效的关键，在具体德育工作中必须根据实际情况选择行之有效的方法，这样才能取得事半功倍的效果。学习和借鉴榜样示范法、情感陶冶法等教学方法，"问题导向"德育课程积极探索新的德育教学方法，形成了"视频案例对话互动"德育教学法。

第三，"问题导向"德育情境。道德事件的产生需要一定的道德生活情境，没有脱离生活情境的抽象的道德行为，况且脱离生活情境的道德教育也不会有什么实际结果。无论何种德育模式的建构，都必须置于生活的情境中

考虑。"问题导向"德育所设置的主要德育情境就是视频情境。每个专题的德育教学活动，都是围绕视频来展开的。学生通过观看视频进行思考，结合视频讨论交流，结合视频探究展示，结合视频参与必要的实践活动，教师结合视频组织、引导、点拨、总结。完全可以这样说，视频情境是"问题导向"德育课程最主要、最鲜明的德育情境。

第四，"问题导向"德育资源。德育资源就是用以影响学生的教育素材。"问题导向"德育课程的德育资源主要有两套课程资源：一套是实验课程，一套是精品课程。每套课程资源都有15个专题，也都刻录进15个光盘。每个光盘内都有四个素材：其一，视频案例，包括案例视频、课件、教学指导手册电子文档；其二，教学设计，包括专题教案、教学指导、教学参考资料；其三，示范课录像；其四，教学指导手册，内容包括每个专题的设置目的、授课方式、授课过程、学生讨论的问题设计、教师的总结发言内容等。此外，教育资源还有临沂市区域内的《沂蒙精神教育读本》《沂蒙文化》《沂蒙历史》等地方教材，还有各县区、各学校自主开发的"感恩""孝道"等15个专题的校本课程。

第五，"问题导向"德育时空。德育课堂教学是需要时间和空间来进行的，如果没有时空保证，德育就无法有效开展。"问题导向"德育课程一个专题的教学时间一般是三个课时，总计135分钟，也就是安排大约一个下午的时间。教学时间可以根据学校、学生实际进行调整，灵活安排。德育专题的教学空间可以在教室，也可以在会议室、操场等场所，面向全年级甚至全校学生。此外，许多学校还尝试开发"问题导向"校本课程，积极开设"问题导向"第二课堂，利用课外活动时间在专门的教室等场所实施校本课程。

第六，"问题导向"德育主体。承担学科德育教学任务的主体只是道德与法治专任教师，而"问题导向"德育的授课主体既包括道德与法治教师，也包括班主任，还包括各学科任课教师，甚至还有校长、学校中层领导。这种主体的多样性，有助于形成全员育人的新格局。

第七，"问题导向"德育流程结构。该模式的基本教学流程：观看视频→讨论交流→展示分享→形成结论→拓展体验。这个教学流程并不复杂，关键是把每个环节把握好。"观看视频"环节最重要的是选取视频。要注意选取那些有趣的、感人的视频，画面清晰的、生动的视频，贴近学生、贴近生活、贴近实际的视频。"讨论交流"环节最重要的是讨论题的设置要有认识宽度，要有思维深度，要有思想高度，这样学生的讨论才会有效甚至高效，学生的认识才能全面深刻，思维能力才能得到提高，思想境界才能得到提升。"展示分享"环节最重要的是展示分享的面要广，能够调动大多数学生甚至全体学生参与，不能只是几位学生的"独角戏"；"展示分享"的内容要能激发学生的兴趣，要有助于学生能力的培养，还应该有助于学生情感的提升、态度的端正、价值观的澄清；"展示分享"的方式、方法、手段要多样，不能过于单调、单一，以免影响学生参与的兴趣。"形成结论"环节既可以是教师言简意赅的总结、引导、提升，也可以让学生总结概括形成问题的结论。"拓展体验"环节关键是落实，对所布置的课外开放性作业，要有布置、有落实、有检查、有跟踪、有指导、有评价。其教学结构包括教学环节、教师活动、学生活动等（表10）。

附表10   "问题导向"德育模式的教学结构

教学环节	教师活动	学生活动
环节一：明确任务	引入专题学习内容	明确学习内容
环节二：视频感知	播放视频	观看视频
环节三：思考感悟	组织讨论交流，引导，点拨	讨论交流，积极参与，思考感悟
环节四：展示分享	对话，互动，组成，引导，评价	对话，互动，参与，探究，体验
环节五：形成结论	概括总结，提升情感	盘点收获，归纳所学
环节六：拓展体验	布置开放性作业	完成有关的课外实践体验活动

（二）基本作用

"问题导向"初中地方德育课程基本作用包括以下5个方面。

第一，有助于落实学生在德育课堂上的主体地位。该模式组织学生自主讨论、交流、展示，给学生提供尽可能多的参与课堂活动的机会，能够最大限度地落实学生的主体地位。

第二，有助于学生正确价值观的形成。该模式重视学生正确价值观的形成，尽可能为学生提供课堂观察、讨论、思辨、探究、分析、评价的机会，增强学生的是非观念，提高学生的辨别能力，增强学生价值判断、价值选择的能力，澄清学生的价值观，从而有助于学生正确价值观的形成。

第三，有助于学生形成各种自律性品质。我们所构建的新的德育模式，依据学生的心理和年龄特征，选择适合学生实际的方法，将国家、社会提倡的主导性道德规范、原则体系传授给适龄的学生，通过各种途径，精心组织学生自觉主动参与，产生认同感，从而使他们感到接受道德教育不只是社会的要求和为了他人，而且满足了自身的需要，进而形成各种自律性品质。

第四，有助于学生道德判断力的培养。美国儿童发展心理学家科尔伯格的研究表明，讨论法可以有效地促进儿童道德判断的发展，通过引导激发学生对道德问题的思考，掌握基本的分析方法和推理程序，对于培养学生独立的、理性的道德判断力是十分必要和有效的。我们所构建的新的德育模式，就特别重视课堂讨论，注重改变以往过于强化背记道德知识、满足于一般行为训练的做法。运用讨论法改进德育，有助于学生道德判断力的培养。

第五，有助于"问题导向"德育课程的实施。该模式为"问题导向"德育课堂教学提供了一个可以学习、借鉴和使用的范式，教师在课堂上可以有所遵循，这必然有助于"问题导向"德育课程的实施。

第四节 "问题导向" 初中地方德育课程内容体系

面向初中生的"问题导向"地方德育课程，其精品课程的内容共有15个专题，依次为孝道、诚信、感恩、文明礼貌、责任、爱国、沟通、友谊、合作、虚拟与现实、挫折、冲动、理想、从规则到法律、生命与敬畏。下面结合精品课程的15个专题，从专题视频简介、专题课程目标、专题课程内容等三个方面来描述"问题导向"初中地方德育课程的内容体系。

一、"孝道"专题内容概述

（一）"孝道"专题视频简介

1.贯穿全课的主要视频：初中一年级的学生刘奕萱，面对母亲突然去世的变故，她深刻认识到亲情的可贵，于是先学会自立，又用自己的实际行动孝敬长辈，成为一个孝敬长辈的好孩子。

2.关于"孝"的图片集：MV格式，主要描述了从古至今各种形式的"孝"字，配以《弟子规》的儿童歌曲。

3.《大头儿子小头爸爸》片段：形象地说明"孝"字的构成。

4.绘本故事《爱心树》：形象地说明这棵大树给予男孩的无私的爱，这实际上就是父母对子女的爱。

（二）"孝道"专题课程目标

1.总的课程目标。引导学生认识到尽孝是一个人应具有的最基本的道德底线，孝道是建立在了解和理解长辈的基础之上的，尽孝应落实在点点滴滴的行动中。

2.具体课程目标。（1）情感态度与价值观目标：引导学生认识到，每个人的成长都离不开父母的关怀和爱护；让学生深刻理解孝敬父母是每个人应尽的义务，是人之为人应具备的最基本的道德底线。（2）能力目标：

理解亲情的唯一和可贵，学会换位思考，理解长辈的辛劳，从心理上生出对长辈的理解关怀之情。（3）知识目标：明白为什么要孝敬长辈，学生如何做到真正孝敬长辈。

（三）"孝道"专题课程内容

以《孝道》的视频内容为主要教学素材，辅以其他小视频，通过观看视频、讲解视频、学生讨论、设计活动等环节来呈现"孝道"这一内容。主要包括以下几个方面。

第一课时：（1）观看视频《孝道》片段一，让学生知道视频讲了什么内容，感受什么是孝，让学生具体说说刘奕萱的爸爸是怎样照顾刘奕萱的母亲的，同时让学生列举身边尽孝的例子，感受实际生活中榜样的力量。主要从"孝"所蕴含的意义上来感受孝是什么。（2）观看《大头儿子小头爸爸》片段，让学生非常形象地感知"孝"字的构成，理解"孝"字的结构所蕴含的道理。（3）小活动"共写孝字"。让学生一笔一画地用心书写，进一步感受孝的真意，最后让每个小组把自己所书写的"孝"字张贴到黑板上，在课堂环境上营造出了一种"孝"的氛围。（4）观看视频《孝道》片段二，分析在社会中，如果大家都像短片中提到的某中年妇女等人那样不尽孝心，在人年老时就任意抛弃和虐待，那么这个社会会变成什么样子，从反面来点明尽孝的必要性，让学生认识孝道是中华民族的传统美德，自古以来就是国人最看重的品质。

第二课时：（1）观看绘本故事《爱心树》。通过爱心树对男孩无私的、不求任何回报的付出，感知父母及亲人对自己的无私的爱与付出，深深地体会到父母对自己的爱。学生谈一谈通过爱心树的行为，自己想到了什么、悟到了什么。（2）在背景音乐《我的父亲母亲》的渲染下，学生闭着眼睛静静地想一想，在自己成长的历程中，父母及其他亲人都给了自己哪些爱，其中有哪些最让自己难忘和感动的事。然后学生饱含感情地说出自己的故事，有的可能会情不自禁地抽泣流泪，在内心深处体会到父母对自己的那份最真挚的爱，更加坚定要好好尽孝这一信念。（3）观看视频《孝道》片段三，再次感受刘奕萱的故事，通过学习体会刘奕萱的孝心行为，说一说自己是否也能像刘奕萱一样每天都能坚持为父母做一些事情，如果想做个孝顺的孩子，自己应该从哪些方面做起。（4）小活动："了解父母知多少"小调查。怎样正确认识父母的"攀比"（拿自己的孩子与别的孩子比），怎样正确对待父母的"唠叨"。通过分析父母"攀比""唠叨"的背后原因，学生自觉了解父母、理解父母，这也是一种孝，而且是真正的孝。（5）欣赏周杰伦的歌曲《听妈妈的话》。通过部分歌词内容，进一步理解父母，知道孝敬父母还要顺着父母，感悟到无论是温柔的呵护还是严厉的责罚都是爱。（6）小活动《奉献孝心我能行》。通过书写"孝心卡片"，说出对父母的爱、对父母的深情，同时向父母承诺，从今天起，每天为父母做一件小事。

二、"诚信"专题内容概述

（一）"诚信"专题视频简介

一个学生在操场上捡到一块钱，决定寻找失主，到处询问并利用学校的广播等，还是没有人认领，最后班主任决定开班会讨论，引发对诚信的思考。

（二）"诚信"专题课程目标

1. 总的课程目标。引导学生全面了解诚信的内涵，正确认识诚信并学会讲诚信，养成诚信的习惯。

2. 具体课程目标。（1）情感态度与价值观目标：培养学生积极乐观的生活态度，相信只要我们每个人都做到对人守信、对事负责，那么世界就是美好的，生活也是美好的。（2）能力目标：通过小组讨论、展示等活动，学生能够深刻理解诚信的内涵，提高自我管理的能力。（3）知识目标：通过看视频、小组讨论等活动，让学生知道诚信的基本含义。

（三）"诚信"专题课程内容

我们以《一块钱引发的诚信大讨论》的视频内容为教学素材，通过观看视频、讲解视频、学生讨论、设计行动这几个环节来呈现"诚信"这一内容。主要包括以下几个方面。

第一课时：老师通过情景导入，观看视频《一块钱引发的诚信大讨论》，让学生讨论"一元钱为什么没有人认领""你觉得视频中为一块钱寻找失主值不值得'兴师动众'""什么是诚信""诚和信之间有什么内在关系"等问题，让学生知道诚信的内涵。

第二课时：在明晰诚信内涵的基础上，结合视频和材料，学生分组讨论"看完视频后的感想""为什么要讲诚信""诚与信之间的关系"。小组展示讨论结果，教师进行点拨补充。

第三课时：（1）在前两个课时的基础上，这节课主要让学生明白"应该怎样做到诚信"。（2）结合情景剧分析，让学生认识到讲诚信也是有原则和智慧的。（3）结合案例分析，让学生理解诚信通过他律和自律的结合是可以培养的。

三、"感恩"专题内容概述

（一）"感恩"专题视频简介

1.视频《感恩之女孩的礼物》，从老师的视角，向学生介绍家境贫穷的初中女孩王明浩的经历。她因感恩父母，体谅父母的艰辛，为协助父母供弟弟上学而想选择考中专，提早工作。她因感恩老师对她的关爱和帮助，在圣诞节时用自己省吃俭用节省下来的仅有的钱给老师们送上礼物。

2.视频《感恩之抗大之魂》，从乔学志老爷爷的视角为学生讲述抗战时期抗大一分校师生在大青山突围战中英勇抗战的事迹以及后来感恩山东的故事。

（二）"感恩"专题课程目标

1.总的课程目标。引导学生正确地了解感恩的内涵，激发和体验对父母、他人、社会的感恩之情。

2.具体课程目标。（1）情感态度与价值观目标：让学生认识父母的养育之恩、教师的培育之恩、他人的关爱之恩，使学生了解在自己成长过程中，家庭、学校和社会每个成员为之所付出的辛勤劳动，形成"感恩相报"的意识。认识到感恩还要感恩我们的际遇；学会感恩革命烈士，珍惜现在的幸福生活。（2）能力目标：增强学生孝敬父母、尊敬师长、感激他人、感恩烈士、回报社会的感恩意识，并把感恩之情化为实际行动，学会感恩，学会付出，全面提升学生的人文素养。（3）知识目标：懂得感恩，学会感恩。

（三）"感恩"专题课程内容

我们以《感恩之女孩的礼物》和《感恩之抗大之魂》视频内容为教学素材，通过观看视频、讲解视频、学生讨论、设计行动这几个环节来呈现"感恩"这一内容。主要包括以下几个方面。

第一课时：感恩·初看。这部分从视频《感恩之女孩的礼物》入手，引出感恩父母的话题，并结合其他感人的视频和爱的小测验感受父母的恩情。

第二课时：感恩·再看。继续体会感恩老师、感恩朋友，不但要感恩认识的人，也要感恩不认识的人，并认识到挫折和际遇也是要感恩的。

第三课时：感恩·抗大之魂。这节课通过一个老战士的视角让学生学会感恩革命烈士，体会现在幸福生活的来之不易。

四、"文明礼貌"专题内容概述

（一）"文明礼貌"专题视频简介

视频借助崔恩赫、孔德民两个主人公的行为告诉学生：礼貌是什么；讲礼貌有怎样的好处；礼貌是怎样养成的（为什么主人公能讲礼貌）；礼貌和文明二者之间的关系；礼貌和文明的实质是尊重，而尊重的关键是从讲礼貌开始。

（二）"文明礼貌"专题课程目标

1. 总的课程目标。引导学生了解影片中主人公的行为和想法，尝试解读主人公的行为动因，从而认识到礼貌和文明的实质是"尊重"，是没有差别地尊重每一个人、尊重世间万物。

2. 具体课程目标。（1）情感态度与价值观目标：引导学生认清礼貌和文明二者之间的关系；认识到礼貌和文明的实质是尊重，而真正的"尊重"是人格的平等，是没有差别地尊重每一个人。（2）能力目标：尝试解读主人公的行为动因，摒弃自己的不文明行为。（3）知识目标：通过观看视频让学生了解主人公的行为和想法。

（三）"文明礼貌"专题课程内容

我们以《文明从礼貌开始》的视频内容为教学素材，通过观看视频、学生讨论、学生分享、教师引导、课外实践这几个环节来呈现"文明礼貌"这一内容。主要包括以下几个方面。

第一课时：（1）观看视频片段，思考：你最欣赏视频中人物的哪些行为习惯？这些行为习惯给他们自己带来了哪些好处？（2）情景剧PK：每组表演一个情景，充分表现出有礼貌的细节，投票选出最有礼貌的小组，并深刻剖析优胜组体现出礼貌的细节。（3）分享：自己经历的有关礼貌相待的故事。（4）抒发自己心目中的礼貌行为，做一个有礼貌的人。

第二课时：（1）分享《富商买书》的故事，引导学生初步认识到拥有礼貌素养的内涵是尊重。（2）观看视频片段，分析：视频中的人物除了讲礼貌，还有哪些为人称道的品行？他们为什么能做到这些？（3）播放视频片段，思考：你如何评价这些不文明行为？列举自己知道的不文明行为。（4）分角色体验：如果我是某某人物，我将怎样做？（5）反思自己：摒弃自己的不文明行为。（6）课外实践作业：围绕"文明从礼貌开始"制作宣传海报和墙报，从自身做起，从小事做起，争当文明礼貌标兵，以自己的实际行动去影响更多的人懂礼貌、讲文明。

五、"责任"专题内容概述

（一）"责任"专题视频简介

1. 借助视频《责任》，通过家庭、学校、社区、社会中不负责任的案例介绍，引导学生认识不负责任产生的社会问题，引发讨论。

2. 视频《责任的重量》，讲述的是崔茂奎老师长期资助学生，帮助其完成学业，指导其成长，并将这种爱心传递给更多的人，让教师的职业责任感更显高尚，也凸显了崔老师的人格魅力。

（二）"责任"专题课程目标

1.总的课程目标。通过观看视频并讨论，明确什么是责任，意识到失责的严重后果，通过典型案例理解崔老师对职业责任的坚守与弘扬。

2. 具体课程目标。（1）情感态度与价值观目标：引导学生认识到每个人都有各自的责任，每个人都必须履行自己应尽的责任；在履行个人责任的基础上，能够积极实践责任，提升履行责任的主动性，树立正确的价值导向。（2）能力目标：通过对自己承担责任的辨析，锻炼全面辩证看问题的能力，能在复杂情况下正确选择责任并履行责任。（3）知识目标：让学生知道什么是责任、负责任的结果及承担责任的方法。

（三）"责任"专题课程内容

以《什么是责任》《失责的后果》《师爱重千金》《传承的力量》等视频内容为教学素材，通过观看视频、讲解视频、学生讨论、设计行动等这几个环节来呈现"责任"这一内容。主要包括以下几个方面的内容。

第一课时：（1）观看导入片《什么是责任》，分析影片中介绍的几个人物承担的责任，并讨论作为学生、子女、朋友、陌生人的责任都有什么，认识责任的内涵和责任的来源。（2）观看影片《失责的后果》，分析在社会中，如果大家都不承担应尽的责任会带来怎样的后果，警示学生要警钟长鸣。（3）观看视频《师爱重千斤》，讨论：支撑崔老师行为的动力是什么？通过典型案例理解崔老师对职业责任的坚守与弘扬。

第二课时：（1）结合观看的视频内容，在明晰责任内涵和来源的基础上，通过分析视频中人物承担的责任，认识承担责任对个人及社会的价值，培养勇于承担责任的意识。（2）观看视频《传承的力量》，明确爱是可以传递的，责任也是可以传承的。

第三课时：通过案例分析和讨论，能够面对责任积极承担，并通过情景剧表演，讨论我们如何在生活中理性承担责任。

六、"爱国"专题内容概述

（一）"爱国"专题视频简介

赵友平老人讲述亲身经历的参军故事。抗日战争时期，战士们在战场上抛头颅、洒热血，战争的残酷、环境的恶劣没有影响战士们的战斗激情。

（二）"爱国"专题课程目标

1.总的课程目标。引导学生正确地了解什么是爱国，为什么爱国，怎样理性爱国。

2. 具体课程目标。（1）情感态度与价值观目标：激发学生热爱祖国、热爱中华民族的感情，坚定他们为振兴中华而认真学习、努力奋斗的信念，树立崇高的远大理想。（2）能力目标：养成辩证分析问题的能力和透过现象正确判断和选择的能力；提高理性爱国的自觉性。（3）知识目标：知道为什么要爱国，和平年代如何爱国。

（三）"爱国"专题课程内容

以《何为爱国》视频内容为教学素材，通过观看视频、讲解视频、学生讨论、设计行动等这几个环节来呈现"爱国"这一内容。主要包括以下几个方面。

第一课时：观看导入片《何为爱国》，分析在战争年代怎样爱国、为什么要爱国。

第二课时：结合观看的视频内容，通过案例分析和讨论，能够理性面对爱国行为并积极承担爱国的责任；讨论我们如何在生活中从身边小事做起，为爱国注入自己的一份力量。

七、"沟通"专题内容概述

（一）"沟通"专题视频简介

1. 视频一：一个来自山村到城市求学的孩子——谭昊，内心胆怯、自卑，只好以冷漠的假象来掩饰自己。在老师和同学热情友好的关心下，谭昊慢慢地卸下伪装，融入集体中，并以《大山里的孩子》一文获得校园演讲比赛第一名的优异成绩。

2. 视频二：江子阳是一个热爱读书、知识丰富的九年级学生，他骄傲自负，瞧不起别人，不能在各个方面严格要求自己，从而给周围同学带来困扰。经过同学们热情帮助，他逐渐自省、感悟，最终与同学们融洽相处。

（二）"沟通"专题课程目标

1. 总的课程目标。引导学生了解沟通的重要性，学习人际沟通的方法。

2. 具体课程目标。（1）情感态度与价值观目标：每个人都需要与人沟通，应增强用智慧的方法应对沟通问题的信心，培养积极乐观面对并解决问题的品质。（2）能力目标：通过对自己和他人的人际沟通经历，培养提出问题、分析并解决问题的意识和能力，能选择正确的沟通交流方式。

（3）知识目标：体验沟通的重要性，理解沟通的内涵；让学生在情境中体验，理解、掌握人际沟通中正确的态度和方法技巧。

（三）"沟通"专题课程内容

以《沟通》视频内容为教学素材，通过观看视频、学生讨论、学生展示、教师点拨、设计课外实践作业这几个环节来呈现"沟通"这一内容。主要包括以下几个方面内容。

第一课时：沟通初体验。学生先通过游戏切身体验沟通的重要性，接着观看视频《沟通》，通过思考与讨论，认识到沟通能使人成长、成熟。

第二课时：沟通有妙招。结合视频，讨论沟通的原则和方法，并通过小组讨论的方式集思广益，补充良好沟通的方法和技巧。

第三课时：沟通你我他。根据第二课时所学到的原则和方法学以致用，解决自己遇到的实际问题。

八、"友谊"专题内容概述

（一）"友谊"专题视频简介

通过介绍几组朋友之间的相识、相知和产生矛盾、解决矛盾的过程，以及朋友间讨论与友谊相关的话题，解答什么是真正的友谊，凸显友谊的美好。

（二）"友谊"专题课程目标

1. 总的课程目标。引导学生认识真正的友谊，体会友谊对于我们的意义，学会发展和巩固友谊，体会友谊的美好。

2. 具体课程目标。（1）情感态度与价值观目标：让学生体验友谊的美好，自觉遵守发展和巩固友谊的原则，做一个受欢迎、积极开朗、交往广泛的人。（2）能力目标：学生通过小组讨论、小组展示等活动，在生活中提高交往的能力、获得诚挚的友谊。（3）知识目标：学生通过看视频、小组讨论等活动，知道真正友谊的含义及如何发展、巩固朋友之间的关系，还要知道如何与异性朋友相处。

（三）"友谊"专题课程内容

以《美好的友谊》视频内容为教学素材，通过观看视频、学生解读、讨论视频、学生讲述自己的故事、学生互动和总结这几种形式来体验友谊的美好。主要包括以下几方面。

第一课时：认识友谊。观看视频《美好的友谊》片段一、片段二，主要解决友谊是什么的问题。通过回顾自己与朋友相遇的方式，描述心中的完美朋友，正确认识朋友身上的优缺点，尝试给友谊下定义，分辨真正的友谊等，充分认识什么是友谊，初步体验友谊的美好。

第二课时：赞美友谊，发展友谊。观看视频《美好的友谊》片段三，认识友谊的重要意义，懂得如何发展友谊。通过名人故事会，讨论如何正确处理朋友之间的矛盾，开展名言警句展示和自创名言活动，小组讨论、总结友谊具有的重要意义；通过展示视频中的观点，播种友谊之树，学生自主挖掘建立和巩固友谊的方法和原则；小组展示讨论的结果，教师进行点拨。

第三课时：我爱我的同学们。将友谊的范围缩小到具体的授课班级，考量本班学生在班级交友过程中的优缺点并加以改进，体会身边的同学朋友带给大家的帮助和感动。通过"百宝箱"活动收集本班好友姓名，描述或扮演本班好友，讨论本班同学交友的优缺点。观看视频《美好的友谊》片段四，利用"百宝箱"送出祝福等，让同学们体会身边友谊的美好。

九、"合作"专题内容概述

（一）"合作"专题视频简介

视频中几个学生在日常学习生活中的合作片段，展现了初中学生在合作过程中可能遇到的问题及解决的办法。可贵的是这些合作（组织演讲比赛、排练舞蹈、乒乓球双打等）都是以学生为主体的，他们自己在组织活动的过程中会遇到困难、分歧、矛盾，继而想办法沟通，共同找到解决的办法，实现合作双赢。

（二）"合作"专题课程目标

1. 总的课程目标。引导学生了解合作的内涵，正确认识合作，并学习合作的方法，提高合作的意识和能力。

2. 具体课程目标。（1）情感态度与价值观目标：深刻认识到合作无处不在，我们每一个人都不能脱离集体而生活，提高合作的意识和愿望。（2）能力目标：通过对合作中遇到的困难的原因的分析，找到解决困难的方法，提高合作能力。（3）知识目标：让学生知道什么是合作、合作的结果及合作的方法。

（三）"合作"专题课程内容

以《在合作中成长》视频内容为教学素材，通过观看视频、讲解视频、学生讨论、设计行动这几个环节来呈现"合作"这一内容。主要包括以下几个方面。

第一课时：认识合作。（1）以小游戏《开心消消乐》导入，然后观看视频《在合作中成长》，分析在生活中有哪些合作的机会。（2）观看影片《狼性团队》，结合视频进一步理解合作，认识合作的内涵。

第二课时：为什么合作。（1）通过小游戏《汉字听写》让学生明白，生活需要合作，合作是一种力量。（2）谈一谈自己合作成功的事例，通过学生谈论收获，明白合作可以提高解决问题的能力，有利于养成良好的性格，促进自己健康成长。（3）分析哈佛大学教授的一段研究记录，让学生明白合作有助于成功，有助于促进双赢。（4）通过理解远古人类社会与现代社会的合作的区别与共性，明确合作是历史的必然，也是时代的要求。

第三课时：更好地合作。（1）通过分析情景《如此合作》，明白合作与自主的关系，知道竞争要在道德和法律允许的范围之内，理解合作与竞争是对立统一的关系。（2）观看视频《在合作中成长》，分析里面人物遇到的困难、面对困难的态度和克服困难的方法，明白合作需要技巧。（3）通过小游戏《合作搭高塔》，以亲身实践，让学生明白合作需要的技巧。

十、"虚拟与现实"专题内容概述

（一）"虚拟与现实"专题视频简介

通过一组社会热点新闻引入虚拟网络对青少年的危害，由中国政法大学教授栗峥和高雅律师等专家对这种现象进行解说和分析，并针对青少年的目前状况进行趋利避害的教育。

（二）"虚拟与现实"专题课程目标

1. 总的课程目标。引导学生正确认识现实世界和虚拟世界，弄清一些人容易沉溺于虚拟世界的原因，找出沉溺于虚拟世界的危害，并正确认识虚拟世界的积极影响，正确处理虚拟与现实之间的关系。

2. 具体课程目标。（1）情感态度与价值观目标：引导学生认识到，每个人都处于现实生活中，每个人又都有各自的虚拟世界，需要正确处理虚拟世界与现实世界的关系，做到趋利避害，进一步促进学习，树立正确的价值导向。（2）能力目标：通过对虚拟与现实的辨析，锻炼全面辩证看问题的能力，能在复杂情况下选择正确的价值导向。（3）知识目标：使学生认识到虚拟世界对社会及自身的危害，正确审视现实生活，学会趋利避害，做一名合格的初中生。

（三）"虚拟与现实"专题课程内容

以《虚拟与现实》视频内容为教学素材，通过观看视频、学生讨论、小组展示、总结提升等几个环节来呈现"虚拟与现实"这一内容。主要包括以下几个方面的内容。

第一课时：虚拟？现实？通过观看视频、小组讨论和教师点拨，了解什么是现实世界，什么是虚拟世界，虚拟世界的组成部分，青少年通过网络参与虚拟世界的现状，探索一些人沉溺于虚拟世界的原因；请学生填写调查问卷，了解学生参与虚拟世界的方式、内容和时间等信息。

第二课时：虚拟与现实。通过视频和事例材料，讨论总结沉溺于虚拟世界的不良影响和虚拟世界的积极影响，引导学生正确处理虚拟世界与现实世界之间的关系，避免沉溺于虚拟世界。

十一、"挫折"专题内容概述

（一）"挫折"专题视频简介

视频内容呈现了两个不同年龄段的学生在自己成长过程中印象深刻并受益匪浅的挫折经历。两位主人公分享了他们遇到了什么样的挫折，自己又是如何面对并战胜困难的宝贵经验。两个人物的经历能代表当代中学生的境遇，即目标与结果之间存在差距时，他们便是遭遇了挫折，而我们把这样的挫折放在人的一生去看待时，它仅仅是我们成长过程中遇到的挫折的沧海一粟。视频中两位主人公用自己的亲身示范，在"如何面对挫折""如何找到应对挫折的办法"方面，给当代中学生以很有价值的思考和启示。

（二）"挫折"专题课程目标

1. 总的课程目标。引导学生正确地认识挫折，明白千锤百炼有利于个人的成长，并学会用积极的心态面对挫折，用有效的办法战胜挫折。

2. 具体课程目标。（1）情感态度与价值观目标：树立正确的挫折观，懂得挫折是人生的一部分，需要以平常心去面对；体验挫折，学会用积极乐观的心态面对挫折；增强用智慧的方法应对挫折的信心，培养坚持不懈的品质。（2）能力目标：拥有遇到挫折时能坦然面对的能力；养成辩证分析问题的能力，学会在挫折面前选择正确应对措施的能力；提高应对挫折的个人能力和团队合作能力。（3）知识目标：认识到由于各种原因，生活中碰到挫折是正常的；认识到挫折是把双刃剑，在给我们带来负面情绪的同时更能促使我们进步和成长，增强我们的才干和智慧；能找出应对各种挫折的有效办法。

（三）"挫折"专题课程内容

以《千锤百炼》视频内容为教学素材，通过观看视频、提出问题、学生讨论、学生分享、活动体验等几个环节来呈现"挫折"这一内容。主要包括以下几个方面。

第一课时：（1）观看《千锤百炼》的开场片段，引导学生提出挫折的话题，并通过活动体验挫折。（2）观看影片《千锤百炼》第一个主人公的故事，找到主人公所遇到的挫折，讨论第一个问题："挫折是什么？"并结合自身经历交流分享自己或他人遇到的挫折经历。

第二课时：通过故事、活动，组织学生分组讨论："挫折能给我们带来什么？""逃避挫折会产生什么样的后果？"观看《千锤百炼》第二个主人公开场的故事后，续写人物发展结局，组织学生讨论："面对挫折时选择不同的态度会产生不同的行为并导致不同的结果吗？""什么样的态度才会收获挫折对人生的有利影响呢？"

第三课时：通过观看视频《千锤百炼》第二个主人公故事发展的情节，组织学生结合整个视频中两位主人公的事例及自己的人生经历，讨论如何用有效的方法战胜挫折。

十二、"冲动"专题内容概述

（一）"冲动"专题视频简介

一个学生，因冲动差点将凳子砸向老师，引发同学们对冲动行为和后果的思考；通过对几位专家和老师的采访，讨论、总结如何化解冲动、避免恶果。

（二）"冲动"专题课程目标

1. 总的课程目标。引导学生了解冲动的内涵，正确认识冲动，并学习控制冲动的方法，提高控制冲动、自我管理的能力。

2. 具体课程目标。（1）情感态度与价值观目标：培养学生积极乐观的生活态度，相信只要我们每个人都能管理好自己的情绪，就能避免冲动带来的恶果，享受美好的人生。（2）能力目标：通过小组讨论、小组展示等活动，让学生在了解冲动实质的过程中，掌握化解冲动的方法，提高自我管理的能力。（3）知识目标：通过看视频、小组讨论等活动，让学生知道冲动的实质是情绪管理问题，认识冲动的危害。

（三）"冲动"专题课程内容

我们以《莫让冲动当家做主》的视频内容为教学素材，通过观看视频、讲解视频、学生讨论、设计活动等几个环节来呈现"冲动"这一内容。主要包括以下几个方面。

第一课时：观看视频《莫让冲动当家做主》，让学生讨论"冲动会造成哪些危害""冲动过后他们的心理感受是什么"等问题，让学生知道一时的冲动会对自己、对他人、对家庭乃至对整个社会造成严重的危害，进而再通过问题"视频中出现冲动的同学在正常情况下知不知道会有这些后果"引发讨论，最终总结出冲动的本质实际上是情绪管理问题。

第二课时：在明晰冲动本质的基础上，结合学生自身经验，谈一谈自己在情绪冲动的情况下都是如何做的，让管理好情绪的同学介绍方法经验，让没有管理好情绪的同学谈谈现在对当时行为的认识，结合视频中专家和老师的介绍，小组总结化解冲动的办法、展示讨论的结果，教师进行点拨补充，最后通过活动"走进情景"，感悟升华。

十三、"理想"专题内容概述

（一）"理想"专题视频简介

意气风发的中学生们谈论各自的理想：王媛媛想成为一名诲人不倦的教师，郑家宝想当一名侃侃而谈的主持人，高义臻愿做一位传播经典的国学教授，魏思远志愿成为探索宇宙的科学家。他们的理想平凡中不失伟大，他们知道要实现理想会遇到很多困难，但他们都立志用自己坚实的步伐，一步步地走向自己的理想，自信而坚定！

（二）"理想"专题课程目标

1.总的课程目标。引导学生正确地认识理想，了解理想的内涵，并树立远大的目标，做好理想规划，坚定不移地追求理想。

2.具体课程目标。（1）情感态度与价值观目标：理想是人们在实践过程中形成的、有实现可能性的、对未来社会和自身发展的向往与追求，是人们的世界观、人生观和价值观在奋斗目标上的集中体现。每个人都应明确自己的目标，树立远大的理想，并为之奋斗。（2）能力目标：通过对自己理想的思考，加深对理想的认识，明确自己的努力方向，能够制定出合理的理想规划。（3）知识目标：理解理想的含义，认识理想对人生的重要意义。

（三）"理想"专题课程内容

以《我的理想》视频内容为教学素材，通过观看视频、引出问题、学生讨论、小组展示、总结提升这几个环节来呈现"理想"这一内容。主要包括以下几个方面。

第一课时：（1）观看导入片《我的理想》，引出每个人都有自己的理想的话题，让学生在小组内说说自己的理想是什么。（2）结合视频中学生的理想和组内成员所说的理想，探究理想的本质，树立合乎实际的理想。（3）通过查德威克没能穿越海峡的故事、一个课堂操作活动以及学生分享的因理想而走向成功的名人案例，来认识理想对于自己人生的重要意义。（4）反观自己的理想是否具有这样的本质和意义，并及时修正。

第二课时：（1）继续观看影片《我的理想》，了解视频中学生所讲述的他们的理想境界和理想的由来；在组内畅谈自己的理想及其形成过程，明确树立这一理想的依据，坚定理想信念。（2）在了解何为理想、缘何有此理想的基础上，通过视频和小故事，明白追求理想是一个充满困难和挑战的过程，预测自己在追求理想的道路上可能会遇到的难题，思考该如何应对和克服。

第三课时：（1）了解理想对于自己人生的意义。描绘一下自己理想的蓝图，谈谈对自己理想的理解，作出实现自己理想的规划。（2）以多种方式来表达自己对理想的认识和对实现理想的坚定信念。

十四、"从规则到法律"专题内容概述

（一）"从规则到法律"专题视频简介

视频《从规则到法律》，有青少年闯红灯等简单的法律问题，有未成年人施暴犯罪的案例，有道德与法治课教师对青少年遵守规则和法律状况的描述，有法律专家对法律知识的讲解，有律师对法律案例的分析，有青少年违法犯罪原因的探讨。从该视频可以得出这样的结论：如今中小学生违法犯罪的现象呈现逐渐增加的态势，究其原因，不外乎学生的法律知识匮乏、法律意识淡薄和学生存在不良行为、不良习惯等，因此对学生进行法律教育势在必行。

（二）"从规则到法律"专题课程目标

1. 总的课程目标。引导学生了解规则与法律，正确地认识规则与法律，提高学生的规则意识和法律意识，使其在日常生活中遵守规则、遵守法律。

2. 具体课程目标。（1）情感态度与价值观目标：能比较清楚地意识到，任何人如果违反规则都会受到相应的处罚，而违反规则与违反法律之间并没有不可逾越的鸿沟。（2）能力目标：提高学生从教学材料中提取有关的教学信息的能力；对于现实生活中的案件，能正确分析、评价，并作出正确的选择且运用在实际生活中。（3）知识目标：明确规则与法律的含义和现实生活中的一些具体要求，明确法律对于未成年人违法犯罪惩处的具体规定。

（三）"从规则到法律"专题课程内容

以《从规则到法律》视频内容为教学素材，通过观看视频、讲解视频、学生讨论、设计行动等几个环节来呈现"规则与法律"这一内容。主要包括以下几个方面。

第一课时：观看导入片《从规则到法律》，引导学生了解青少年违法犯罪现象频发的原因，意识到在日常生活中遵守规则的重要性，初步理解规则与法律的关系。

第二课时：根据影片呈现的真实案例，继续分析青少年违法犯罪背后的原因，使学生体会到日常行为习惯、家庭教育、学校教育、社会教育与违法犯罪有密切关系。探讨生活中的真实案例，讨论如何在生活中养成良好的生活习惯和行为，自觉遵守规则和法律。

十五、"生命与敬畏"专题内容概述

（一）"生命与敬畏"专题视频简介

由专家对残害动物、校园暴力、自杀等对其他生命和自我生命漠视的一系列案件进行解读，引出对生命教育重要性的思考。生命的意义和价值是什么？人为什么活着？应该怎样对待这仅有一次的生命？这几个问题，贯穿整个视频。

（二）"生命与敬畏"专题课程目标

1. 总的课程目标。引导学生正确地了解生命，认识生命的意义，并学会保护并珍惜生命。

2. 具体课程目标。（1）情感态度与价值观目标：认识到生命的价值和独特性所在，树立正确的生命观，激发学生对生命的热爱与敬畏并付诸实际生

活。（2）能力目标：学会化解生活中的烦恼和困惑，学会善待生命。（3）知识目标：认识生命的意义，学习一些保护生命的方法与技巧。

（三）"生命与敬畏"专题课程内容

以《生命与敬畏》视频内容为教学素材，通过观看视频、讲解视频、学生讨论、设计行动等几个环节来呈现"生命与敬畏"这一内容。主要包括以下几个方面。

第一课时：观看导入片《生命与敬畏》，描述现象，分析原因，寻找方法。经过小组讨论、交流、展示，认识到尊重生命的重要性，激发对自我身心的关注，感受生命的美好。

第二课时：观看视频，引发学生对生命的敬畏之情。通过各种故事的讲述、各项活动的开展，进一步体会生命的价值。穿插小游戏，借此激发学生潜能，引导学生做好人生规划，以积极向上的心态面对生活，享受生命的美好。

第四章
课程规划与实施

　　概括地说，课程规划就是按照育人的目的和要求，对课程的设计、实施、评价等进行全面规划，从而实现对课程的价值引领，为课程建设与实施指明方向、路径，确保课程目标得以实现。在"问题导向"初中地方德育课程规划与实施过程中，我们坚持问题导向，坚持"德育问题化、问题主题化、主题课程化"的研究理念，按照"问题导向"德育课程建设总原则，对当前中学生思想道德教育体系的策略构建、方案编制、研发机制等进行系统研发和深入推进，从而解决中学生品德教育的突出问题，让德育回归生活、回归本真，在真实生动的情境中激发学生思考，引导学生关注问题背后的原因，真正实现德育课程的有效目标，积极推进全市德育的整体变革与创新。

第一节 "问题导向"初中地方德育课程规划策略

课程策略是为了实现课程目标，预先根据可能出现的问题制定若干应对的方案，是课程构建与实施的方式办法。对德育课程的规划、实施要按照人和人的生命成长规律进行个性化策划设计，从德育课程理念、课程资源、课程意识、课程专业化实施及课程创新等方面构建系统的科学策略体系，依据这种策略体系整体规划设计"问题导向"德育课程，充分发挥课程育人的价值作用，确保德育课程落实立德树人的根本任务。我们在"问题导向"初中地方德育课程的构建与实施中，精心制定并有效运用了以下策略：

一、问题导向策略

本课程所设置的15个专题，都是学生普遍存在的问题。本课程的开发，其根本目的也是解决学生所存在的这些问题。因此，本课程的构建与实施必须运用的首要策略，就是问题导向策略。如果我们开发出来的课程不是围绕学生的问题展开的，如果本课程的实施没能解决学生的问题，那就违背了本课程开发的初衷，这既是课程开发的失败，也是课程实施的失败。问题是驱动学生思考的基础，可以激起学生思维、启迪学生的智慧、唤醒学生对相关品德的重新思索，更能够让学生通过思考对照自己、反省自我，从而能够在一定程度上修正自己的行为，让品德修养更完善。构建与实施"问题导向"初中地方德育课程要有强烈的问题意识，以青少年思想道德成长中的问题为导向，抓住青少年成长中的关键问题进行重点研究与思考，着力解决思想品德教育面临的一系列突出矛盾和问题。"问题导向"初中地方德育课程的实施要坚持以问题引导为基点，学生通过观看视频带着问题进行思考、讨论，通过自主学习和合作学习实现对问题的深入认识。

二、行政推动策略

本课程的开发不是民间学术团体或组织的行为，而是政府行为，或者说是政府推动的行为。本课程从课程开发前的酝酿，到课程开发的启动，再到课程开发的推进，然后到课程开发的实施，最后对课程开发的评估等等，都离不开行政力量的推动。因此，本课程开发必须坚持行政推动策略，充分依靠行政的力量，充分争取行政的支持。这是本课程构建与实施得以顺利进行的可靠保证。

三、专家引领策略

所谓专家引领，就是本课程必须接受课程专家的指导。本课程开发最终产生什么样的成果，是成功还是失败，与课程专家的引领有很大的关系。为了开发本课程，我们成立了由国内知名专家、全市骨干校长、学科骨干教师组成的100多人的开发团队。课程专家的有效引领可以使本课程的开发在理论上达到一定的高度，否则，所开发的课程可能"难登大雅之堂"，更不会产生国家级的科研成果。因此，本课程的开发必须坚持专家引领策略。

四、专业实施策略

所谓专业实施，就是指本课程的开发要由专业人员来实施。这里所说的专业人员，主要是指道德与法治课教师，特别是道德与法治课骨干教师。本课程最终开发的效果如何，在很大程度上取决于参与课程开发的道德与法治课教师的水平，取决于他们开发的干劲和热情，取决于他们开发的创造性劳动，因此，本课程的构建与实施必须坚持专业实施策略。

五、集体研讨策略

本课程的开发是一个系统工程，必须凝聚开发团队集体的智慧，在课程开发过程中集体讨论、集体观摩、集体评价。如果不发挥集体的作用，个人单打独斗、各自为战，或者各专题小组互不通气、壁垒森严，或仅仅依靠专家指导和调控，都会影响课程的开发效果。因此，本课程的开发必须坚持集体研讨策略。

六、系统设计策略

系统设计策略也就是整体设计，它要求把课程开发与实施对象视为一个系统，以系统整体目标的优化为准绳，协调系统中各分系统的相互关系，使系统完整、平衡。因此，在课程开发与实施时，应该将各个小系统的特性放到大系统的整体中去权衡，以整体系统的总目标来协调各个小系统的目标。我们坚持区域规划、区域推进，学校整体规划、校本化实施；我们通过统筹、整合、创新，将德育内容体系进行科学系统设计，形成有目标、有方案、有评价，体系完整、富有特色的德育课程体系；我们整体规划各学段德育目标、内容、方式、方法，整合利用各种德育资源，统筹协调各方力量，实现全科育人、全程育人、全员育人。

七、校本实施策略

"问题导向"初中地方德育课程的最终实施必然要落实到学校。本课程最终实施的效果如何，也在于学校的落实情况。我们运用校本实施策略，要求学校积极开展德育课堂教学改革，改进课堂教学方法，采用讨论分析、合作探究、体验感悟、实践总结等方式，把传授知识、培养能力同养成习惯、陶冶情操结合起来；要求教师充分挖掘本课程视频中的故事内涵、地域特点、乡土气息等德育因素，把德育内容渗透到教学的各个环节；要求市、县、校各级教研人员深入课堂，指导德育课程实施，引导各学科教师充分发挥课程的德育功能，整体提高课堂育人功能。我们希望通过校本课程的实施，引发学生积极思考，使学生形成基本的是非观念，引起学生的情感共鸣，使学生的心灵受到震撼，力求体现生本化课程特色。

八、全员育人策略

所谓"全员育人"，即教书育人、管理育人、服务育人，是指学校的教师、干部、职工为了实现育人的目标，在从事自己本职工作的过程中，均以一定的形式对学生进行直接或间接的教育。我们运用全员育人策略，努力构建以道德与法治课教师为核心，班主任、心理健康教师、其他学科任课教师共同参与的德育指导团队，积极探索学校建立基于教职员工全员参与、全程指导、全面关心学生健康成长的协同育人机制；我们坚持学校、家庭和社区教育相结合的原则，以学校教育为主体，结合家庭教育、社区教育形成教育合力，使学校的德育影响在家庭和社区及时跟进和延伸，形成教育的连续性和一致性，构建学校、家庭和社区教育三位一体的德育工作机制；我们以校内课程实施、活动体验与主题班会等为内渠道，以家委会、社区服务与社会实践等为外渠道，探索校内外互补的德育实践体系，发挥育人合力，形成全员、全程、全方位育人的德育工作机制。

九、重点突破策略

我们运用重点突破策略，在本课程开发阶段，重点突破下列问题：提炼形成以15个专题为核心的德育主题、体现社会主义核心价值观教育内涵的中学生核心素养指标体系；构建以各专题为统领、以德育视频课程为基础的校本德育课程、地方德育特色课程体系；打造形成以15个德育专题为核心的、以学生核心素养为价值取向的学科德育品牌；建立以学生、家长、教师为德育主体，学校、家庭和社会教育资源共享的一体化德育新机制。

在本课程实施阶段，我们重点突破下列问题：一是实行典型带动，推动整体发展。针对全市实验学校多、办学思想水平不一的现状，既要做到统筹兼顾，又要善于抓住重点，将整体谋划与重点突破相结合。在课程实施前期，我们在发现典型、推广典型方面，对成熟、定型的有价值引领作用的学校德育模式和典型做法，给以推介推广，以求得全面突破，以带动全市德育课程的整体推进和落实。二是开展系列教研活动，引领和推进德育课程的深入实施。市教科研中心围绕"问题导向"初中地方德育课程的实施积极开展系列活动：邀请省内外名师和课程开发指导专家对学校和教师开展专题培训；举办德育优质课评比、德育教师技能大赛和德育经验交流推介会、现场会，为优秀学校和教师提供展示风采的舞台；开展优秀课例、优秀课程资源评选等活动，加强德育课程资源建设；深入开展德育课题行动研究，评选优秀研究成果；召开新闻发布会。通过这些丰富多彩的教学教研活动推进"问题导向"初中地方德育课程的落实，进一步促进德育内涵发展，提高德育实效。

十、实践强化策略

德育目标需要通过学生的实践来实现。以实践活动为载体和突破口，吸引青少年普遍参与，是新形势下加强未成年人思想道德建设、增强德育实效的有效途径。我们运用实践强化策略，秉承"以人为本""道德存在于生活中"的德育理念，根据不同层次学生身心发展特点，强化德育实践，加强了德育实践活动，把各种思想道德教育融于道德实践中，尊重学生的主体性，重视学生的体验性，让学生在活动中锻炼成长，极大地增强了德育的针对性和实效性。一是坚持分步实施、严格训练、点滴做起的原则，强化习惯养成实践活动。二是完善学生校外实践和志愿服务活动。我们充分发挥社会实践基地及其他公益性校外教育场所的作用，组织学生参加远足游学、农村劳动、社会考察、社区公益劳动，让学生在实践活动中体验、感悟、受到熏陶，培养良好的品德和行为规范，形成正确的情感态度与价值观。

第二节 "问题导向"初中地方德育课程专题方案编制

"问题导向"初中地方德育课程是区域性课程，具体到某一个学校，要想顺利实施，需要结合学校实际制定自己学校的课程方案，即"问题导向德育校本课程方案"。编制校本课程方案，必须深度挖掘和研究本校的历史积淀、教育底蕴、教育哲学等，找准优势与不足，充分考虑学生的需求，回答"培养什么样的人""怎样来培养"等重大问题。

一、德育课程方案编制要素

一般来说，一个完整的课程方案应包括编制依据、课程目标、课程结构、课程实施、课程评价及课程保障等六个方面。

1. 课程依据是方案编制的重要基础，是课程所依存的土壤。本部分除了要符合《临沂市"问题导向"初中德育课程实施意见》外，还要对国家相关政策、学校办学理念、学生发展需求进行分析。在分析时，国家政策认识要到位，学生需求应清晰，方案编制要有针对性，要与学校原有的办学理念相衔接，体现学校特色。

2. 课程目标是课程定位的重要前提，是学校通过课程实施所要达到的预期结果，它在课程方案中处于核心位置。科学、合理的课程目标对课程结构、课程实施及课程评价起着导向作用，它的确立必须考虑学校特点、学生年龄、学生个性需求，具有适合性与可评价性，避免过高过虚。

3. 课程结构必须根据课程目标来构建。课程结构在课程体系建设中是至关重要的，是课程体系的骨架，它的设计要与课程目标保持一致，用于支撑课程目标。

4. 课程实施必须落到实处。在制定方案时，必须提前思考课程的实施，怎样合理安排课时总量和活动总量，怎样根据课程目标和课程内容对教师的教学提出要求，怎样利用社区、家长等丰富的课程资源服务于课程，这些都是需要提前考虑的。

5. 课程评价是指检查课程的目标、编订和实施是否实现了教育目的、实现的程度如何，以判定课程设计的效果，并据此作出改进课程的决策。课程评价的方式是多样的，它既可以是定量的也可以是定性的。课程评价对象的范围很广，它既包括课程计划本身，也包括参与课程实施的教师、学生、学校，还包括课程活动的结果，即学生和教师的发展。在评价的主体上，要调动学生主动参与评价的积极性，改变评价主体的单一性，实现评价主体的多元化；建立由学生、家长、社会、学校和教师等共同参与的评价机制。

6. 课程保障是为了保障课程实施而在组织、机制、经费等方面作出的安排。

需要强调的是，课程方案不是一经定稿就一成不变的，而是要根据形势的发展、学生需求的变化等在课程实施中不断调整和改进的。因此，学校要形成基于实情的方案更新机制，这样，"问题导向"德育校本课程方案才具有生命力。

二、校本课程方案示例

临沂汤河中学始建于1968年，坐落于美丽的海棠之乡。该校先后被授予市级管理规范化学校和市文明单位、市依法治校先进单位、市教学示范学校、临沂市素质教育先进单位、河东区校园安全A+级单位等荣誉称号。

近几年，学校从教学改革入手，以"构建焕发学生生命活力"的课堂和打造"引人入胜"的课堂为突破口，落实学校提出的"三段六步教学流程"，多措并举打造"活而有效"课堂，张扬学生个性，激发学生活力，释放生命张力。课堂教学改革使汤河中学教育教学质量有了质的飞跃，教学质量一直稳居全区前列。

在不断提高教学质量的同时，始终坚持"办人民满意的教育"的目标，坚持立德树人，高度重视学生的德育工作，不断探索德育新形式、新方法。学校以"习惯养成教育"为抓手，通过序列化的活动培养学生良好的行为习惯、生活习惯和学习习惯，从而为学生一生发展奠基。"问题导向"初中地方德育课程，破解中学生品德教育存在的突出问题，为推进德育课程改革、促进学生思想道德水平和核心素养发展，开拓了一条更有实效、更有针对性的道路。

（一）编制依据

1.坚持以党的十八大和十九大精神为指导，认真贯彻落实《教育部关于全面深化课程改革　落实立德树人根本任务的意见》，坚持以"问题导向"初中地方德育课程的深入实施为抓手，把培育和践行社会主义核心价值观融入教育教学全过程，努力推进社会主义核心价值观进学校、进课堂、进头脑，切实增强德育的针对性和实效性。

2.道德与法治新课程标准强调的课程理念。

理念一：帮助学生过积极健康的生活，做合格公民是课程的核心。

初中生正处于身心发展的重要时期,自我意识和独立性逐步增强。在初中阶段帮助学生形成良好品德,树立责任意识和积极的生活态度,对学生的成长具有基础性的作用。本课程的任务是引领学生了解社会、参与公共生活、热爱生命、感悟人生,逐步形成正确的世界观、人生观、价值观和基本的善恶、是非观念,过积极健康的生活,做对社会、国家、世界有见识和负责任的合格公民。

理念二:道德与法治新课程标准强调,思品教育要面向生活实际,德育以生活为基础,服务于人的生命成长的需要,充分尊重学生品德发展的规律。

理念三:思想品德让生活更美好。

3. "问题导向" 初中地方德育课程。

"问题导向" 初中地方德育课程是临沂市为加强青少年思想道德建设、深入践行社会主义核心价值观、坚持立德树人、切实解决中学生道德形成中突出存在的普遍性问题而启动的建设工程。课程开发的基本内容共有15个专题,分别为孝敬、诚信、感恩、分享、责任、爱国、交往、早恋、交流合作、手机和网络、挫折与减压、冲动与自控、人生理想、法治教育、生命与安全。这些德育专题跳出了单一的学科、活动的圈子,聚焦青少年成长主题,是立德树人、以生为本的深入实践,强调了中学生品德教育中存在的突出问题,推进了德育课程改革。

4. 体现育人为本、德育为先的理念。

该校坚持育人为本、德育为先,高度重视学生的德育工作,不断探索德育新形势、新方法,打造 "引人入胜" 的高效课堂,与 "问题导向" 初中地方德育课程不谋而合。我们将借 "问题导向" 初中地方德育课程提升课堂教育教学质量,提高德育效果。

(二)课程目标

1. 总体目标。

坚持德育为先,育人为本。建立 "以课堂认知为基础,课外交流践行为核心" 的运行机制;推动全程育人、全员育人、全方位育人,构建 "国家课程" "地方课程" "学校课程" 三位一体的 "德育课程体系" 和 "学校" "家庭""社会"三位一体的"德育教育体系";增强德育工作的吸引力和感染力,引导广大中学生快乐学习,健康成长,成为德智体美全面发展的社会主义合格建设者和接班人。

2.年级目标。

七年级:着重对学生进行行为习惯养成性教育。培养尊重生命、热爱生活、积极进取、勇于负责的良好品质,形成基本的道德素养和健康的心理品质。

八年级:这是中学生青春期萌动最剧烈的时期。培养学生热爱祖国、孝敬长辈、诚信守法、团结协作、感恩自然、快乐成长的良好品质,使学生对自己有正确的认识,减少躁动,克服冲动,增强法制观念,更加健康阳光。

(三)课程的设置与课时安排

精品课程里包含的15个与初中学生成长息息相关的视频案例主题内容,可以在七、八两个年级安排专题课。根据实施方案建议及年级特点,七年级开设8个专题,八年级开设7个专题,每学期3~4个专题,平均每月1个。

附表11　　　　　　七年级德育具体内容安排

学期	时间	主题	设计构想	备注
七年级上学期	9月	生命与敬畏	结合假期中存在的安全问题展开教育和反思	召开主题班会,开展征文比赛、书画展览、办手抄报等活动
	10月~11月中旬	爱国	1.结合10月1日国庆节,对学生进行爱国主义教育 2.学校系列活动(爱国征文、爱国影片放映等)	国庆节可开展国庆演讲、爱国征文、办手抄报等活动
	11月中旬~12月中旬	沟通	对应教材七年级上册第三单元"相逢是首歌",教学生学会与他人交往	

（续表）

学期	时间	主题	设计构想	备注
七年级上学期	12月中旬~1月中旬	挫折之千锤百炼	对应教材七年级上册第四单元"生活告诉自己'我能行'"，对学生进行挫折教育，让学生学会挫而不折，积极进取，自尊、自信、自立、自强	组织去青少年基地参加拓展训练
七年级下学期	3月	文明从礼貌开始	3月是"全民文明礼貌月"，可开展学习雷锋活动，对学生进行文明礼貌教育	开展雷锋学习月活动，班级文明之星评选，文明标语征集
	4月	冲动与自控	对应教材七年级下册第七单元"让生活充满阳光"，使学生正确认识情绪，学会调控情绪的方法	专家作心理报告（视频）
	5月	虚拟与现实	对应教材七年级下册第十单元"抵制不良诱惑"，学会分辨网络中的各种诱惑，正确使用手机与网络	开展辩论赛活动
	6月	责任的重量	对应教材七年级下册第十单元"分辨是非"，对自己的行为负责，使学生正确认识生活中的是非善恶，做一个对自己行为负责的人	办主题手抄报

附表12　　　　　　　　八年级德育具体内容安排

学期	时间	主题	设计构想	备注
八年级上学期	9月	孝道	对应教材八年级上册第一单元"让爱住我家"，针对现代社会中出现的家庭矛盾，教学生如何处理这些矛盾，学会与父母沟通，在生活中孝敬父母，构建和谐家庭	寻找最美孝心少年
	10月	在合作中成长	对应教材八年级上册第五课"合作竞争求发展"，让学生学会交流与合作	开展团队活动
	11月	诚信	对应教材八年级上册第六课"合奏好生活的乐章"，对学生进行诚信教育	
	12月	从规则到法律	七年级上册、七年级下册第九单元	针对12月4日国家宪法日，学校在12月份组织一系列法治宣传活动
八年级下学期	3月	美好的友谊	对应教材七年级下册第五单元"青春的脚步　青春的气息"，对学生进行异性交往教育，帮助学生顺利走出青春期，发展纯洁的友谊，预防早恋发生	
	4月	感恩	对学生进行感恩教育，让学生学会感恩自然、感恩社会、感恩他人	

（续表）

学期	时间	主题	设计构想	备注
八年级下学期	5月	我的理想	学生即将升入九年级，很快就会面临升学与择业，所以我们最后一个专题为理想教育，为学生毕业后的生活做一个正确的引导	在五四青年节进行爱国主义和继承革命传统教育、理想教育

（四）课程实施

1. 道德与法治课教师引导、示范。道德与法治课教师先周备课，每周二"课活"时间给班主任上示范课，并介绍课程实施方法及设计意图，供班主任学习参考。

2. 班主任+道德与法治课教师隔周上课。班主任结合自己班级学生的特点，以课程资源为依托，利用班会进行授课。班主任对某个专题实施有困难的，可以请相关道德与法治课教师协助上课。

3. 年级、政教处负责课程实施的检查、督导、评比和考核量化。年级、教导处、政教处、团委联合开展校园相关配套活动的发起、宣传、落实、督导、评比和反馈。

我们力图形成以道德与法治课教师为先导、班主任为抓手，道德与法治课教师+班主任协作，年级、教导、政教、团委联动合作，全员、全科教师配合参与的模式，让"问题导向"初中地方德育课程在学校德育建设中发挥有效的作用，构建有极强的针对性和实效性的德育课堂。

（五）课程评价

1. 对教师的考核：学期结束前一周，通过评、议、查、访等形式，结合年级、政教处平时检查落实掌握的资料，对授课教师的工作进行检查考评，并纳入个人量化考核。

2. 对学生的评价：评价学生要多元化，而不能以点代面、以偏概全。构建德育课发展性评价的操作框架，通过多科教师点评、学生互评、家长促评、学生自评的方式，建立学生学期成长记录袋，突出自我教育、行为教育和过程教育，以此促进学生全面发展。

针对德育课教学过程中学生的典型事迹进行表扬、鼓励、宣传，让德育就在身边，让身边的人和事促进教育。

（六）保障机制

1.加强组织领导。

成立由校长任组长，道德与法治课任课教师、班主任及政教处、教导处、共青团、家长委员会负责人为成员的校级德育工作小组，进一步明确分工、落实责任，齐抓共管，以形成育人合力。（领导小组、教学工作组、督导评价组名单略）

2.加强宣传教育。

及时召开"问题导向"初中地方德育课程实施会议，组织道德与法治课教师，政教处、教导处、共青团、家长委员会负责人等工作组成员及全体教师参加动员会议，讲清德育专题教育的目的、意义、实施过程和有关要求。各分管组领导、组员要充分认识、把握课程的目的、意义、实施方法，做到思想重视、行动到位，为课程实施创造良好的环境，并提供强有力的保障。

3.加强德育教师队伍培训。

学校积极参加市教育局组织的关于"问题导向"初中地方德育课程的各类培训及实施大会，会后学校定期对班主任、道德与法治课教师、政教干部及部分老师进行专题培训。培训形式有：

① 自主学习：围绕光盘中的视频、课件、示范课等，通过教师自主学习，深入领会课程的实施要领、整合运用与教学方法。

② 组织研讨：以道德与法治课教研组为依托，以班主任为主要参与人，在每周的示范课讨论时间组织研讨，研讨教学体会，研讨课堂教学评价，研讨教学管理，商讨出适合本校教学实际情况的课堂模式等。

③ 教学观摩：学校内部教师之间举行多种形式的教学观摩，一个老师上课，多个老师参与听评课，不断推进，不断改进。

④ 参观考察：组织校内教师外出考察学习，取长补短。学习他校教师好的教学方法和先进的教学理念，结合本校实际修改实施方案，使之成为适

合我校学生发展的德育课程体系。

4. 效果考核。

没有考核就没有落实。建立学校考核制度，将相关责任人、负责人落实情况纳入量化考核，根据检查考评结果，评出优秀、达标、不达标三个等级，及时进行表彰和鼓励，对德育课程理解不到位、达不到课堂教学目标的教师要进行理论和实践培训。

第三节 "问题导向" 初中地方德育课程研发机制

为了深入研发、实施和推进 "问题导向" 初中地方德育课程，我们站在市域角度对德育问题进行顶层设计，确立了 "坚持方向、问题导向、政府主导、行政推动、专家引领、专业实施、整体规划、分步推进" 的研发机制，在全市形成与教育现代化相适应、富有临沂特色的全员育人、全程育人、全方位育人的德育工作新格局。

一、"坚持方向、问题导向" 的研发机制

所谓 "坚持方向"，就是坚持中国特色社会主义立德树人的方向，坚持人的全面发展的方向、人的生命成长与成才的根本方向。

一是加强对国家德育目标的相关文献的研读。重点研读、解析党的十八大明确提出的 "立德树人作为教育的根本任务，培养德智体美全面发展的社会主义建设者和接班人" 的要求以及《教育部关于全面深化课程改革　落实立德树人根本任务的意见》，这是 "问题导向" 德育开发与实施研究的纲领性文件和政策依据。

二是深刻领会社会主义核心价值观的基本内涵。明确社会主义核心价值观的基本理念和具体内容，正确理解社会主义核心价值观的内涵，深刻把握培育和践行社会主义核心价值观的重要性，探寻社会主义核心价值观与青少

年身心发展的契合点。

三是把握初中生心理发展特征和德育内在规律。把握学生心理发展的特征和规律是建构学生核心素养指标、深刻把握学生核心素养体系，明确学生应具备的终身发展需要的关键能力和必备品格，强调个人修养、家国情怀、社会关爱，关注自主发展、合作探究和实践能力。

在"问题导向"初中地方德育课程的开发过程中，我们始终坚持以"问题"为导向、中心、核心和驱动力，紧紧围绕"问题"来组织活动。主要表现在以下几个方面：

1. 德育教学视频的选取和制作问题。

专题组对视频资料的选择要求很高，基本想法是资料应当是真人真事或真实性、时代感较强的影视作品，与所对应专题应当切合，要求视频能够把基本概念表达出来，告诉学生某一专题说的是什么事、有什么危害、应该怎么做、否则有什么后果等，而不需要教师过多的讲解。在实际选取时难度较大，符合这种要求的现成视频几乎没有，这就需要教师动手制作，而教师动手制作又受到自身素质、制作设备、制作技术等方面的限制，所以普遍感觉视频的选取和制作是一件比较困难的事情。

2. 教学示范课的录制问题。

为完成示范课的录制任务，教育局领导及时协调各方面的关系，购买了必要的录课设备，保证了录制工作的顺利进行，但是，录制效果仍不尽如人意，这主要受制于师生对陌生录制场所的不适应、录制人员技术水平等因素。本来教学就是一门遗憾的艺术，每节课都会留下一些遗憾，都有让授课教师继续反思和提高之处。我们认为所录制的示范课依然有继续研磨和提升的空间。

3. 教师的德育教学水平问题。

我市初中道德与法治课教师的教学水平参差不齐，很多教师是由其他学科改教道德与法治课的。虽然德育教师培训活动可以使他们的教学水平有所提高，但要在短时间内改变这种不平衡状况是很困难的。有的教师教学水平较高，但由于其教学理念受传统教学模式影响太深，以致在录制示范课时仍然讲得过多，这在一定程度上影响了学生的自主体验与感悟。

4. 课程的具体实施问题。

按照课程开发和实施方案，"问题导向"初中地方德育课程的每个专题计划安排时间为135分钟（一般为下午三节课），每学期3~4个专题，基本是每月1个。当前，部分初中学校对道德与法治课重视不够，致使道德与法治课开设质量有所下降。在这种情况下，"问题导向"初中地方德育课程能否得到有效落实，也需要早思考、早想办法加以解决。

二、"政府主导、行政推动"的研发机制

在课程研发过程中，临沂市政府高度重视，坚持以中学生思想上普遍存在的问题和学校德育工作的主要问题为导向，将"问题导向"初中地方德育课程的研发确立为"市长工程"。分管教育工作的副市长多次组织召开调度会、研讨会和成果发布会，多次发表讲话和指示，并且专门拨付专项资金用于课程研发。

在"问题导向"初中地方德育课程研发过程中，市教育局先后多次派副局长、市教科研中心主任、基教科科长与德育专家联系、沟通；同时山东师范大学教育学院院长唐汉卫也来到临沂与侯副市长当面探讨课程开发事宜；宋玉良主任向专家组长全面汇报了我市开发实施"问题导向"初中地方德育课程开发工作情况，多次召集有领导参加、专家参与的15个专题的联络员会议，并就有关事宜进行讨论。这些都为德育专题开发与实施奠定了坚实的基础。政府主导、行政推动、领导重视，有力地保证了"问题导向"初中地方德育课程研发与实施工作的顺利进行。

为了确保课程的开发与实验效果，临沂市政府拨专款300万元用于德育专题课程开发。市教育局组织力量制定了《临沂市"问题导向"初中德育课程开发工作实施方案》，成立了由国内知名专家、全市骨干校长、学科骨干教师组成的120多人的开发团队。通过召开课程开发工作推进会、课程开发工作调度会、课程资源评议会，就视频案例选取、录制和教学活动、教学环节设计等反复研讨、打磨，对初步录制的观摩课集中观课、议课、磨课，在

广泛征求领导、专家、教师和学校意见的基础上，教育局对德育课程设计做了进一步的调整和优化。

三、"专家引领、专业实施"研发机制

2013年11月，在对全市德育教学现状进行调研论证的基础上，临沂市教育局制定并颁发了《临沂市"问题导向"初中德育课程开发工作实施方案》。该方案对课程开发的工作任务、实施步骤、保障措施作了明确规定，成立了临沂市教育局"问题导向"初中地方德育课程开发"专家组"和"专题组"，组建了以省内知名专家为顾问和专题组长、以全市骨干教师为主力的上百人的课程开发团队。该方案还对课程开发的具体任务进行了明确分工，并制定了"临沂市教育局初中'问题导向'德育课程开发工作时间安排表"，计划在2014年5月完成课程开发任务，经过部分学校实验后，于2014年9月在全市初中学校实施该课程。

（一）成立专家组

临沂市教育局遴选德育专业人员组建成立专家组，聘请全国最优秀的专家进行指导，目前已经与曲阜师范大学校长戚万学、山东师范大学教育学院院长唐汉卫、山东师范大学心理学院教授杜秀芳、山东师范大学文学院教授潘庆玉、山东警察学院教授王成义、北京新学校研究院副院长韩杰梅、潘晓骐等十几位专家参与该项课程的开发与指导（附录1）。与此同时，选拔全市最优秀的专业教师参与课程开发，注重加强教师培训学习与自我提升，提高课程开发的质量，保证教育效果。加强过程的指导和培训，拟定有关的过程管理制度，通过过程监控、调研等方式保证课程研发的过程落实。同时，各参与研究的县、区和学校根据课程研发的需要选聘骨干教师承担校本课程的研发工作。从整个研究人员的构成看，注重行政领导、理论研究和实践操作等人员的合理搭配与能力的互补，研究人员能够胜任课程研发工作。

附录1：　"问题导向"初中地方德育课程开发专家组成员名单

专家组长：唐汉卫　山东师范大学教育学院教授、博士、博士生导师、院长

成　　员：曾庆伟　山东省教科所副研究员、博士后

潘庆玉　山东师范大学文学院教授、 博士、博士生导师

杜秀芳　山东师范大学心理学院教授、博士

唐爱民　曲阜师范大学教育学院教授、博士、副院长

第一组：

组　　长：唐汉卫　负责专题内容：孝敬、诚信、感恩

第二组：

组　　长：唐爱民　负责专题内容：分享、责任、交往

第三组：

组　　长：杜秀芳　负责专题内容：手机和网络、交流合作、早恋

第四组：

组　　长：曾庆伟　负责专题内容：挫折与减压、冲动与自控、爱国

第五组：

组　　长：潘庆玉　负责专题内容：人生理想、法制教育、生命与安全

（二）成立专题组

虽然专家小组已经成立，但是要解决视频德育教材教案的问题，还需要一支专业能力过硬的教研队伍。临沂市教育局把15个专题作为研究课题公布出去，先由学校和教师自主申请，然后精选人员，根据每位参与者的优势组建"专题组"，由研究、组织能力强的校长任专题带头人。

但现有的教研力量并不乐观。在长期乏力的德育常态下，德育教师能力下陷，要从高位着眼进行德育课程设计，还需要先进德育理念的引领。为此，市教育局组建了一个高端智囊团：由国内著名专家带头，并邀请省内最好的德育研究专家和青少年犯罪研究专家加入德育课程的开发当中来。这些专家不仅带来了国内最前沿的德育研究理论，还把参与课程研发的100多名教师的理论学习热情带动了起来。

团队阵容强大，但多数人都是兼职，要保证每个人都高效率地参与，并非易事。在《临沂市"问题导向"初中德育课程开发工作实施方案》中，责成教育局有关科室负责人、教研员参与到专题组中，增加研究队伍

的专业性。同时，建立健全专家与专题组成员之间的工作联系机制。一方面，通过"课程开发工作推进会议""课程开发工作调度会""课程资源评议会"等形式与专家面对面交流；另一方面，还利用网络便利条件，随时向专家请教。

但是，什么样的形式是中学生喜闻乐见的呢？今天的中学生已然进入读图、看视频的时代，基于这种情况，大家反复研究琢磨，最终确定"问题导向"初中地方德育课程以"一个专题，一张光盘"的形式呈现，设想将学生要看的视频、教师要借鉴的示范课、《临沂市"问题导向"初中地方德育课程教学指导手册》（以下简称《教学指导手册》）（附录2）的电子稿以及相关教学参考材料全部录制到一张低成本、便携带的光盘资源包中。

附录2：临沂市"问题导向"初中地方德育课程教学指导手册
（以文档形式呈现，此文件各专题相同）

课程名称：

临沂市"问题导向"德育课程

课程类型：

地方特色实验课程

教学材料：

临沂市"问题导向"德育课程视频、临沂市"问题导向"德育课程设计、临沂市"问题导向"德育课程课件。

授课时数（建议）：

根据不同主题分别为2~3课时

授课对象：

临沂市范围内初中学生

课程原则：

课程需从学生视角出发，关注现实生活（社会、学校、家庭），关注时代发展，关注认知与实践（厘清概念、价值追问、实践思考）。

课程目标：

帮助学生建立正确的情感态度与价值观；培养学生综合能力；提升学生认知能力；突显临沂特色，加强学生对临沂当地文化的理解。

使用说明：

为切实解决临沂市中学生思想道德教育中存在的某些普遍性问题，进一步增强学校德育工作的针对性和实效性，真正把"立德树人"的根本任务落到实处，我市启动了"问题导向初中地方德育课程"的开发与研制。本课程包含15个与初中学生成长息息相关的专题，可以安排15次专题课。

实验教师可根据本课程所提供的各专题课程视频，先观摩各专题示例课制品，了解课程思路（教学环节）：学生观看主题视频—学生分小组自由讨论—学生展示讨论内容及结论—教师总结明确观点及认识—布置课外实践作业。上课时可以直接使用本课程所提供的教学设计及课件组织教学，也可以将各主题视频内容进行剪辑，制作形成新的教学设计和课件使用。

临沂市教育局

2015年11月

为了提高使用效果，《教学指导手册》明确了每个专题的设置目的、授课方式、授课过程、学会讨论的问题设计、教师的总结发言等内容。临沂市教育科学研究中心主任宋玉良介绍："能力强一点儿的可以继续发挥，能力差一点儿的老师就算照材料念，也能保证基本的教学效果。"

在反复的研讨、打磨当中，"视频选取标准""教学设计评价标准""课件评价标准""示范课评价标准"等一系列课程标准得以制定并不断优化，而100多名本地专题组人员在参与中获取的方法启示，成为临沂德育课程教研宝贵的隐性财富。

在实验阶段，临沂市教育局及时发现和解决暴露出来的新问题，并在当年暑期对课程资源进行了实事求是的修订和改进。

经过全市120多名专家、500名德育教师和5万多名学生的参与实验和共同研发，最终在2015年5月和2015年底分别推出了"问题导向"初中地方德育课程实验课程和精品课程，梳理出15个德育专题。每个专题包括制作学生观看的视频教学资料时长约40分钟，收集编制配套的教学指导和参考资料，并录制配套的示范课，做到德育教育与问题衔接，与生活衔接，提升德育教育的实效性和生命力。可以说，这是一项以临沂市为区域单元整体推进立德树人工作的德育改革工程，为学校德育工作提供了抓手，实现了德育课堂的根本转型，整体推进了初中德育课程改革。

附录3："问题导向"初中地方德育课程开发团队

总策划：侯晓滨

工作组：

组　长：祖旭东

副组长：陈景山　宋玉良

成　员：陈中杰　陈为词　密守军　陈秀虹

顾　问：戚万学　山东师范大学副校长、教授、博导、国家百千万人才国家级人选、全国德育学科组副组长、初中德育课程改革课标组组长

　　　　檀传宝　北京师范大学教授、博导、北京师范大学公民与道德教育研究中心主任、全国德育学术委员会理事长

　　　　黄向阳　华东师范大学副教授、博士、全国德育学术委员会副理事长

专家组：

组　长：唐汉卫　山东师范大学教育学院教授、博士生导师、院长

成　员：王成义　山东警察学院副教授

　　　　潘庆玉　山东师范大学文学院教授、博士、博士生导师

　　　　杜秀芳　山东师范大学心理学院教授、博士

　　　　唐爱民　曲阜师范大学教育学院教授、博士、副院长

　　　　韩杰梅　北京新学校研究院

　　　　潘洁奇　北京新学校研究院

　　　　刘世阳　北京新学校研究院

实施组：

组　长：宋玉良　临沂市教育科学研究中心

组　员：苗成彦　罗庄区教育局师训室

　　　　王存金　临沂第四十中学

　　　　王有鹏　临沂实验中学

　　　　公彦利　临沂沂堂中学

　　　　刘书君　临沂第十一中学

　　　　郑　磊　临沂第十一中学

　　　　李继强　临沂第十一中学

　　　　王媛媛　临沂第十一中学

第1组：

专题内容：孝敬、诚信、感恩

组长：唐汉卫　副组长：宋玉良　成员17人（每个专题5～6人）

第2组：

专题内容：分享、责任、交往

组长：唐爱民　副组长：陈景山　成员15人（每个专题5人）

第3组：

专题内容：手机和网络、交流合作、早恋

组长：杜秀芳　副组长：伊永贵　成员16人（每个专题5～6人）

第4组：

专题内容：挫折与减压、冲动与自控、爱国

组长：王成义　副组长：陈中杰　成员17人（每个专题5～6人）

第5组：

专题内容：人生理想、法制教育、生命与安全

组长：潘庆玉　副组长：陈为词　成员17人（每个专题5～6人）

技术组：瞿世强（电教）等3人

（三）"问题导向"初中地方德育课程团队投入研发实验

自2013年11月以来，研发团队从组建完成到快速投入研发实验，充分发

挥了教授专家的引领作用，发挥了校长的组织协调作用，也带动了临沂市的一批教育科研精英或教学骨干的发展，为"问题导向"初中地方德育课程的研发创造了较好的条件。

第一，大学教授专家在理论上发挥引领作用。在研发实验过程中，他们的意见针对性强，理论有高度、能落地，有实践性、可操作。在"问题导向"初中地方德育课程研发到了录制示范课的阶段时，研发团队的人员进入迷惘状态。这时，专家教授会现场指点迷津或通过QQ群进行线上指导。这都是我们学习、反思、领悟的过程，感谢专家教授的一路引领与指导。

第二，每个小组由校长任组长，成员由道德与法治课教师、教育科研骨干或名师组成。校长能够很好地发挥组织协调作用，能够为"问题导向"初中地方德育课程研发提供必要的条件和帮助，大力支持和推进"问题导向"初中地方德育课程的研发。道德与法治课教师参与"问题导向"初中地方德育课程研发具有得天独厚的优势，在"问题导向"初中地方德育课程研发过程中，他们有丰富的教学经验和教育科研能力，能够充分发挥集体智慧。参与研发的教育科研骨干或名师，对"问题导向"初中地方德育课程的教学设计、试讲、录制等都高度重视，积极参与研发"问题导向"初中地方德育课程。

第三，研发团队的组建为"问题导向"初中地方德育课程的推进注入了强大动力和新鲜血液。道德与法治学科领军人物组成的核心组，能够在研发过程中统一课程研发思路和研发重点，为下一步研发出高品质的经典视频、设计出高水平的教案和录制高质量的示范课打下了坚实的基础。

（四）召开课程研发会议，交流探讨研发进展情况

1. 召开"问题导向"初中地方德育课程研发第一次全体会议。

2014年1月27日，农历腊月二十七，正是大寒时节，研发团队动员大会在市教育局会议室召开。会上宣读了文件，提出了要求。这是一次动员会议。会后，大家利用寒假期间相对空闲的时间搜集视频，春节过后集合时交流视频搜集情况。

2. 召开"问题导向"初中地方德育课程研发第二次全体会议。

2014年2月10日，农历正月十一，还在春节期间，研发团队就行动起来，在北城新区职工之家召开"问题导向"初中地方德育课程研发第二次全体会议，为期两天。

2月10日上午，先集体开会。时任市教育局副局长陈景山指出，"问题导向"初中地方德育课程研发工作的启动是为落实侯晓滨副市长关于德育工作相关会议上的讲话精神和指示，这项德育专题课程研发所确定的15个专题很有代表性、针对性、指向性和实效性，令人耳目一新。他要求全体参研人员高度重视。一要在研发时间上有保证，必须深入思考和研究；二要在研发精力上有保证，必须合理安排工作，突出工作重点；三要在研发质量上有保证，必须按照专家制定的目标和任务，确保这项工作早见成效。

"问题导向"初中地方德育课程研发专家组组长唐汉卫教授与会讲话。他认为，临沂在市域内整体推进初中德育教学课程改革，在山东省乃至全国都是较大的突破。他指出，"问题导向"初中地方德育课程研发的目标：第一，"问题导向"初中地方德育课程是能够解决学生存在的问题的课程，学生知道正向的价值观，可以提高价值判断能力。第二，激起学生向善的情感。第三，学生有向善的智慧、方法，有向善的行为，能够做健康的、积极的事情。教育科研中心宋玉良主任在讲话中强调，理清研发思路，启发学生的道德认识，激发学生的道德情感，培养学生的道德意志，端正学生的道德行为。他希望大家竭尽全力，力争研发出国家级水平的科研成果。

全体会议后，5个大组分头讨论。首先在第一大组展开讨论，包括"孝敬组"、"诚信组"和"感恩组"3个小组，"诚信组"由唐汉卫教授任大组长，宋玉良主任任副组长。讨论时，唐汉卫教授指出，第一，理论的把握要透，要有理论高度。现在很多学校的"孝"教育，是愚孝教育。第二，研究思路要清晰。如孝敬的逻辑线索是孝敬谁—为什么孝敬—怎样孝敬。第三，重点和特色要突出。例如，诚信、诚实到底是指什么？对谁诚实？为什么诚实？如何诚实？初中阶段诚信教育的重点是什么？第四，教学设计要适合学生和专题。要有趣味性，要生活化、人本化。我们现在根本不了解学生的生活。要走近他，了解他，超越他，影响他。

2月10日下午，先是各专题小组讨论、交流。在"诚信组"，组内交流了各自所搜集的视频，计划分两课时完成本专题，第一课时讲诚实，第二课时讲守信。计划于3月中旬完成教学设计的初稿，4月底定稿。会议结束之后，在准备过程中发现，诚实和守信根本不可能分开，必须同时设计。接着是第一大组讨论，汇报小组讨论结果。"孝敬组"谈了设计思路；"诚信组"谈了设计计划；"感恩专题"则计划分感恩老师、感恩社会两部分，用2课时完成。

2月11日上午，全体集合。陈景山副局长指出，时间、精力、质量要保证。唐汉卫教授强调：第一，认识要统一，这是市长的"命题作文"，不能随意设计。第二，一切服从效果，教学设计不能以思想品德课平时讲课的形式进行设计，而要设计为学生活动。教师尽可能少参与，学生尽可能多交流。第三，概念的定性要准确。第四，视频要具有完整性、情节性，有事情的前因后果，有经过，不能太简短。

这次会议提出之后一段时间的任务：第一，2月28日前，5个大组组长负责召集各专题组碰头，各专题组提供相关内容的视频约20个，供研讨、对比、选择。第二，3月15日前后，5个大组组长负责召集各专题组碰头，各专题组提供一个教案供打磨修改、试教。第三，4月15日前后，召开总课题组碰头交流会议，全体参与。各专题组提供一节试教后的录像课供大会观摩交流。

这次会议的收获是，大家对"问题导向"初中地方德育课程研发的原因、意义、目标、做法，有了比较清晰的认识；各小组交流了所搜集的视频，对视频的选用有了比较一致的看法。存在的问题是，虽然搜集了很多视频，但是视频大多不能用，适合学生和专题的视频很少。

3.召开"问题导向"初中地方德育课程研发第三次全体会议。

2014年3月1日，"问题导向"初中地方德育课程研发第三次全体会议在临沂朴园小学召开。这次会议，5个大组分别派代表发言，展示本组所搜集的视频，介绍本组打算如何使用视频，然后自由发言。

发言、展示后得出结论。好的方面是，有的组自拍的学生生活视频，贴近学生。不足的方面是，视频来源渠道不够广，主要来源于网络；有的视频时间过长，造成学生参与不充分，教学流于肤浅；有的视频过于琐碎，视觉冲击力不够；有的视频太简单，有的又太复杂；有的视频与专题内容无关；有的视频已经有结论性的东西，不利于学生讨论探究；视频多为城市题材，缺少农村题材。大家提出视频选用建议：视频内容要生动，贴近学生生活；尽可能体现临沂文化传统；视频的主题要集中；视频要普遍、典型，不能是极端的事例；视频应该选择学生身边的事。

唐汉卫教授强调：第一，各专题思路不错，但是工作进展不一。第二，围绕专题可以设计更好的题目，如诚信专题，题目不一定就叫"诚信"。第三，对专题内容要吃透，不能简单化。第四，视频必须是学生愿意看的，这对学生是一种感染、一种激励、一种触动。第五，如何解读、把握视频。要以初中生的视角去解读，还要引导学生形成基本的价值观。如诚信，对敌人要不要诚信？必须让学生搞清楚。课堂上要预设各种问题，也就是在哪些情况下诚信。

基础教育课张德仁科长在发言中指出：第一，一个专题的教学内容到底用多长时间？就是一下午的时间，最短不能少于2课时。第二，侯晓滨副市长的要求有两个方面：一方面通过视频充分展示专题的内涵"是什么—为什么—怎么做"，展现完整的逻辑思维过程，不能搞成正反面教材的对比，要有过程、有情境、有思辨性。另一方面，力戒假大空、把道德的底线放低，要真正触及学生心灵，真正贴近学生生活。不要说正确而无用的道理。从学生的角度出发，多选学生喜闻乐见的视频。我们要求做一个课程而不是一个课件，不能上成一节思想品德课，否则这次课程研发就完全失败了。要打破固化的思维模式，要有一个思想品德课所没有的教学形式。

宋玉良主任在总结中强调，大家在短短20天内做了大量工作，创造性地开展了工作。今后必须明确专题内涵，精选、优选视频，把握好研发要求。

由本次会议可以看出，虽然大家搜集了大量视频，但是视频的选用还存在很大的问题，远远没有达到期望值，所以各专题组必须继续搜集视频，然后精选视频，并且抓紧设计并录制一节示范课。

4.召开"问题导向"初中地方德育课程研发第四次全体会议。

2014年4月26日至27日，"问题导向"初中地方德育课程研发第四次全体会议在临沂三十五中召开。

4月26日，主要是展示、讨论各专题所录制的示范课。

对"冲动组"示范课的评价。唐汉卫教授指出：第一，专题组下了很大功夫，教师素养较高。第二，整个教学是可以的，但还不是精品。第三，环节过于复杂，开头要直奔主题。课堂教学要简化，不要把问题想得过于复杂。第四，对视频挖掘不够，要最大限度地发挥视频的作用。第五，对冲动的后果挖掘不够，不能忽视了冲动的法律后果。宋玉良主任指出：第一，一定要从传统课堂走出来。第二，必须就视频展开讨论，必须有分组。第三，要分析问题，要争论，要思辨，让学生形成价值冲突，给学生留下深刻烙印。第四，教师要先让学生讨论，让学生表达自己的观点，不能过早下结论。第五，提问的问题是传统教学的问题；板书过多。第六，教室的布置、学生的的座位、录像技术都有问题，整个课堂气氛不活跃。第七，导入苍白无力，讲授过多。第八，一定要有文化品位。第九，要解决好冲动与理性的问题。

对"诚信组"示范课的评价。唐汉卫教授指出：第一，引入环节还是很复杂，应简化。第二，视频应该简单、清晰、吸引人，要有字幕。建议选择系列视频，也要有反面事例的视频。第三，讨论的设计思路很好。第四，小品表演和课堂辩论可以设计，但是不能冲淡主题，要么不用，要么只用一种。第五，教学设计偏难，偏复杂。宋玉良主任指出：第一，视频较长可能影响效果。第二，自由讨论，教师如何引领，需要进一步思考。第三，背景音乐声音偏大，可以不要。

对"手机依赖组"示范课的评价。唐汉卫教授指出：第一，歌曲《时间都去哪儿了》与主题无关。第二，仍用传统的思想品德知识教学的做法应该改正。第三，课堂的流程有重复。第四，在价值观上一定要放得开，要放出去，收不回来也不要紧，要让学生敢想、敢说。密守军科长指出：第一，学生实际上在迎合老师。德育的背后是人格分裂，没有激发出学生真正的东西。第二，价值观判断上有问题。手机是很私人化的东西，对使用手机，要有正确的价值判断。

专家组杜秀芳教授对上面三个小组的示范课这样评价：第一，与理想中的课堂差得太远。与传统的课堂上法还是一样，没有"跳出来"。第二，视频的针对性不强。第三，老师在认识上、在理念上没有到位。不要给学生定性的东西。老师给学生的问题不能有现成的答案。德育课应该是价值观澄清的课，以前说教太多了。第四，有些课重点不够突出。第五，对学生讨论结果的引导不够。第六，学生有感动吗？学生有体验吗？没有真正触动学生的心灵。第七，诚信课有些形式化的东西。老师控制得有些多，学生还没有说完，老师就结束了。

大家对"感恩组"示范课的评价：第一，示范课录制效果差，拍摄效果不够好。第二，课堂引入有点慢，视频有点长。第三，这节课师生都非常感动，但是可推广性可能不行。

大家对"交流合作组"示范课的评价：第一，标题不好，与思想品德课本相同。第二，本课的立足点不应该是谈合作的必要、重要，而应该是谈不合作的现象，为什么合作，怎样合作。

4月27日，研发团队全体集合、发言。

专家组潘庆玉教授发言：第一，视频的再选择。视频的范围不要太单一，视频要有一定的深度、一定的长度。一节课播放视频不要太多。要从视频中研发教学内容。应从视频中发现问题，挖掘问题，讨论问题。好多课变成了借助视频讲知识，不能变成知识的讲解。第二，应该有活动设计。角色扮演、模拟活动，可以把课变得更丰富。第三，除了视频，还应该补充一些材料，否则材料不充分。第四，这些课的主角仍然是教师而不是学生，应该展示学生的风采。应该给时间让学生去思考，不要急于评价，老师应该尽量淡出课堂。有的环节完全可以让学生主持。希望看到学生的风采、学生的主动，甚至是学生的争论。

专家组杜秀芳教授发言：第一，一些老师对专题的认识和理解不够。第二，教学目标不够清晰。第三，录制不够清晰。

专家组唐爱民教授发言：第一，一定不能脱离我们的主题（"问题导向"初中地方德育课程研发）。提的问题必须是真问题，引发学生对问题的高度关注。第二，视频还需要精选。有的视频机械单一。农村的资源不可忽视。有条件的可以自拍、自制视频。第三，要让学生说话，说想说的话。

专家组王成义副教授发言：第一，这些课表演的成分比较突出。第二，有的视频太长，有的太脱离学生的实际。第三，导入设计太复杂，有的环节太多，有的问题太多。

专家组唐汉卫教授发言：第一，要相信孩子，相信自己，相信未来。第二，一些教师的专业准备不足。第三，教学不能太模式化。

宋玉良主任总结：从这次会议情况来看，成绩很大，专题思路更加清晰，研发目标更加明确，发现了一些内容新、形式好的优秀专题。但是问题不少，压力很大。他提出了几点要求：第一，进一步加大工作力度。要精选视频，精致利用，精设环节，精优教案，精挑教师，精录课堂。第二，进一步加快速度。精诚合作，切实负责，拿出自己的精品。第三，进一步增强责任感。第四，进一步提供有力支持。

集体会议之后，各专题组又分组活动。"诚信组"通过讨论，认为之前的教学设计存在严重问题，与"问题导向"初中地方德育课程研发的意图不够吻合，需重新设计。

这次会议，大家最大的收获是，看到了初步的研究成果，每个专题组都录制了示范课。大家可以在这个基础上进一步讨论、交流、思考。通过这次会议，大家认识到先前的教学设计还远远没有达到预期，必须继续努力，争取有所突破。

会后，4月28日，唐汉卫教授提出了下阶段活动的任务和要求：（1）根据这次研讨的意见，每个专题组重新设计、修改、完善自己的教案，挑选优秀教师执教，并尽可能在设备较好的录播室内录制，确保每一次执教录像都能成为高质量的备选录像。（2）一个单元要提供一节课（45分钟）的教学录像，共需提交15个教学录像。（3）特别注意：每个教案在修改完善之后，先和大组长、副组长沟通再最终确定；一切从质量和效果出发，上课要找最适合、最好的老师；录像要由专业人士在录播室内录制；从现在开始，不要把每次录像当作初稿和演练，而要当成最后提交的成果，哪次合适和最佳，就可以提交哪次的成果。

5月13日，陈秀虹科长要求各专题组5月25日之前的工作，按如下程序进行：（1）各专题组将近期重新制作的视频、教案、教学录像打包发给各大组组长，请各专家组长针对自己大组内的3个专题分别指出其存在的具体问题及具体修改建议（5月18日前）。（2）各专题组根据组长建议重新修改、重新录制一节观摩课（5月22日前）。（3）将再次录制的教学录像、教案发给唐院长，请专家组再次会商，提出修改意见和建议，发回专题组继续打磨（5月25日前）。

"问题导向"初中地方德育课程的开发和推广解决的不只是中学生成长中的德育难题，它在不断强化我们的"问题导向"意识，激活我们的思路，从而撬动整个德育领域甚至教育全局的综合改革。

四、"整体规划、分步推进"的研发机制

为进一步增强全市德育工作的针对性、实效性，我们立足当地实际，遵循青少年身心特点和成长规律，坚持以中学生思想上存在的普遍问题和学校德育工作的主要问题为导向，从影响学生一生可持续发展的角度对当前初中学生思想道德教育体系进行整体规划、系统设计和专业开发。对照社会主义核心价值观教育标准，坚持问题导向，实行德育课程综合改革，创新德育课程、德育方式方法、德育评价，不断建立健全全市德育工作制度，分步推进"问题导向"初中地方德育课程的实施，在全市推广德育视频、案例教学，从根本上破解初中德育低效这一难题。

第一，做好课程整体规划。道德与法治课是学校德育工作的主渠道，要确保按照国家课程方案开足开好。"问题导向"初中地方德育课程是国家课程的有益补充和拓展，课程以专题课的方式呈现，目前包含实验课程和精

品课程，主要在七、八两个年级开设。每个主题的选择可根据学校的活动安排，道德与法治课程和班会内容灵活确定。既可以分专题进行主题性教育，也可以实施国家课程校本化策略，要充分挖掘专题中的故事内涵以及精品课程主题视频中的地域特点、乡土气息和美育因素，通过统筹、整合、创新将德育内容进行科学系统设计，形成有目标、有方案、有评价、体系完整、富有特色的德育课程体系。

第二，落实全员育人制度。成立以具有教育情怀、胜任德育教学工作的道德与法治课教师为核心，班主任、心理健康教师、其他学科任课教师共同参与的德育团队，探索构建基于教职员工全员参与、全程指导、全面关心学生健康成长的学校协同育人机制。

第三，发挥课堂育人主渠道作用。学校要积极开展德育课堂教学改革，改进课堂教学方法，采用讨论分析、合作探究、体验感悟、实践总结等方式，把传授知识、培养能力同养成习惯、陶冶情操结合起来。教师要充分挖掘视频中的故事内涵、地域特点、乡土气息等德育因素，把德育内容渗透到教学的各个环节。通过教学使学生的思想受到震撼，心灵受到洗礼，情感上引起共鸣，从而引发思考，逐步形成正确的人生观、价值观和世界观。

第四，坚持教研活动引领和推进。要围绕"问题导向"初中地方德育课程的实施积极开展系列活动：继续坚持"问题导向"思维，依托教育部校本课程实验推进项目——"问题导向"初中地方德育课程的开发与实施展开研究，在实践中不断完善；邀请省内外名师和课程开发指导专家开展专题培训；定期举办德育优质课评比，德育教师技能大赛，德育经验交流会、推介会、现场会，为优秀学校和教师提供展示风采的舞台；加强德育课程资源建设，开展优秀课例、优秀课程资源评选等活动；深入开展德育课题行动研究，定期发布德育研究项目，评选优秀研究成果。

同时，各学校要积极通过丰富多彩的教学教研活动推进"问题导向"初中地方德育课程的落实，进一步促进德育内涵发展，增强德育实效。教研人员要深入指导课堂教学，引导各学科教师充分发挥课程的德育功能，整体提升课堂德育效果。

第五，拓宽德育实践活动渠道。根据不同层次学生身心发展特点，广泛开展德育实践活动。完善学生校外实践和志愿服务活动；充分发挥中小学社会实践基地及其他公益性校外教育场所的作用，组织学生参加远足游学、农村劳动、社会考察、社区公益劳动，让学生在实践活动中体验、感悟、浸润，形成正确的情感态度与价值观，培养良好的行为习惯。

第四节 "问题导向" 初中地方德育课程研发实施

"问题导向" 初中地方德育课程研发与实施，经过了5年复杂漫长的过程。我们边研发，边实验，边推广，经历了从课程专题确立到试用课程、实验课程、精品课程开发、课程实践检验等阶段，开发出具有鲜明的临沂地域特色的德育课程，充分体现了临沂教育人的课程智慧和育人机制，确保了立德树人根本任务的落地生根，促进了学生的全面健康成长。

一、课程专题确立（2013年3月～2013年9月）

1. 开展调研。

2013年3月，时任临沂市副市长侯晓滨在到驻城初中学校视察时，针对道德与法治课仍然不同程度存在的机械记忆、死记硬背、效率偏低等问题，提出了开发视频案例的指示，要求我们选取鲜活的视频案例开展教学活动，增强课堂的趣味性和实效性。

根据这一指示，随后临沂市教育局在全市进行了一场初中生德育状况大调研，这次调研覆盖全市各县区和市直所有学校，共召开教师、家长、学生座谈会67次，发放教师、家长调查问卷各3 600份（每县区农村、城市各选一所学校，每校调查30名教师、30名家长），发放学生调查问卷28 800份（每校每年级100名）。通过深入地听、查、访、议、谈，掌握了课程开发的第一手资料，为课程的开发奠定了扎实基础。

2. 确定专题。

2013年9月，全市学校德育工作座谈会在临沂十二中召开，侯晓滨副市长发表讲话。他围绕德育的重要意义，特别是初中阶段德育目标定位、德育方式、德育内容等方面存在的突出问题，提出了解决问题的办法和针对性很强的指导意见。

根据这一指导意见，结合前期调研，我们对调研数据进行多角度的分析研究，总结归纳出初中生成长中表现较为突出的15个方面的问题，根据这15个方面的问题，我们确定了"问题导向"初中地方德育课程开发的15个专题。

二、试用课程开发阶段（2013年10月～2014年2月）

1. 成立研发团队。

15个德育专题确定以后，我们紧锣密鼓，开发"问题导向"德育试用课程。2013年11月，组建了由国内知名专家、全市骨干校长、教育科研人员、学科骨干教师组成的120多人的研发团队，设置了工作组、专家组、实施组。这个开发团队发挥了教授专家的作用，发挥了校长的组织协调作用，也集合了临沂市的一批教育科研精英或教学骨干，为课程的开发创造了良好的条件。

2. 制定开发方案。

2013年11月，"问题导向"初中地方德育课程被列为市长工程，临沂市财政投入专项资金300多万元，用于课程开发与实施。我们制定了《临沂市"问题导向"初中德育课程开发工作实施方案》（见附录4），为课程顺利开发进行了顶层设计，规划了课程开发路线图。

3. 召开研发会议。

2014年1月，课程开发动员大会在市教育局召开。会后，开发团队利用寒假期间相对空闲的时间搜集视频，春节过后集合时交流视频搜集情况。2014年2月，先后召开了临沂市"问题导向"初中地方德育课程研发工作会议和课程开发工作调度会。

4. 形成试用课程。

2014年2月,在搜集视频的基础上,15个专题小组的成员积极进行教学设计,搜集课程资源,并且创造条件上好录像课,录制了27节视频课,形成了15个专题的试用课程。

附录4:临沂市"问题导向"初中地方德育课程开发工作实施方案
(2013年11月)

习近平总书记在《关于〈中共中央关于全面深化改革若干重大问题的决定〉的说明》中明确提出:"要有强烈的问题意识,以重大问题为导向,抓住关键问题进一步研究思考,着力推动解决我国发展面临的一系列突出矛盾和问题。"为了切实解决我市中学生思想道德教育中存在的突出问题,进一步增强学校德育工作的针对性和实效性,真正把"立德树人"的根本任务落到实处,根据有关要求,市教育局决定研究开发基于问题导向的德育课程,并在全市初中开展专题教育。现制定如下实施方案:

一、工作任务

通过问卷调查,根据当前中学生中实际存在的思想问题确定教育专题,编制专题教育课程,统一教育内容、形式和方法,在全市初中学校实施统一的专题德育教育活动,运用视频案例、讨论、辩论、总结、拓展等方式,切实解决学生思想和心理方面存在的具体问题,真正提高学生的思想道德水平。每个专题拟分五个教学环节,时间安排135分钟(三课时):

1. 学生观看视频教学资料,时间40分钟;

2. 学生分组讨论,时间约40分钟;

3. 学生分组展示讨论结果,时间约30分钟;

4. 教师总结形成教学结论,时间约20分钟;

5. 布置开放性作业,时间约5分钟。

二、实施步骤

(一)确定专题(2013年11月)

我们结合当前中学生中实际存在的思想问题,经过问卷调查,归纳整理了带有普遍性的最突出的问题。针对中学生中存在的不知感恩、不懂分享、缺少责任感、缺乏诚信、人际交往能力不强、沉迷于手机和网络游戏、早恋现象增多等问题，计划开发孝敬、诚信、感恩、分享、责任、爱国、交往、早恋、交流合作、手机和网络、挫折与减压、冲动与自控、人生理想、法制教育、生命与安全等15个专题的德育课程。德育专题课程安排在初中一、二年级开设，初中一年级安排孝敬、诚信、感恩、分享、责任、交往、手机和网络7个专题，上学期3个，下学期4个，初中二年级安排其余8个专题，每个学期4个。

（二）课程开发（2013年11月～2014年5月）

1. 成立工作组。工作组由市教育局领导、有关科室负责人、教研员、部分学校校长、分管校长和一线教师组成，聘请专家作为顾问，其中部分工作人员专职从事这项工作。工作组的主要职责是分工完成专题德育课程开发、实施和评价等工作，并为课程开发和实施提供保障。工作组名单附后。

2. 确定编写思路。本专题德育课程主要以光盘形式呈现，共分15个专题，每个专题内容包括三部分：

（1）视频。时长约40分钟，选取现有的教育电影、动漫和真人真事视频资料，或根据要求制作动漫，剪辑形成有针对性、有吸引力、能够震撼学生心灵的视频课程资料。

（2）教师指导材料。以电子文本形式为教师提供一份执教这一专题的指导性材料，内容包括课堂组织形式、学生讨论环节引导、教师总结环节的结论以及开放性作业设计和本专题的有关参考资料。

（3）学生讨论提纲。以电子文本形式为学生提供一份讨论提纲，教学时可由教师打印，在讨论环节发放给学生。提纲内容主要是开放性问题，个别容易产生争议的问题可以提供选择性答案。

3. 开发课程。课程开发时间约6个月（2013年12月～2014年5月）。

（1）讨论分工。工作组召开研讨会，讨论课程开发的基本思路，然后进行分工。初步考虑分5组，每组负责3个专题。

（2）编写脚本。根据专题课程内容编写出符合要求的视频制作脚本。脚本编写完成后工作组集体讨论一次，统一体例。

（3）收集资料。根据脚本需要的内容，与有关机构和影视制作单位联系，收集各专题相关的视频资料，通过下载、购买、制作等方式，确保资料丰富、实用、符合主题要求。

（4）编制视频。各专题小组就收集的材料按脚本进行编排，初步确定选用视频内容、编排顺序等，形成初稿。

（5）讨论定稿。工作组召开研讨会，对每个专题编制的初稿进行讨论，修改后形成定稿。

（6）制作视频。通过招标确定专业制作机构完成视频制作，制作过程中需要对已经收集的资料进行再加工、再充实、再丰富。工作组人员要跟进指导、检查、督促，确保制作的视频符合要求。

（7）编写教师指导材料和学生讨论提纲。由各专题小组负责，在视频制作的同时完成，与视频一并刻入光盘。

（8）审核。召开审定会议，请工作人员看样片，请有关领导和法律专家参加，就视频内容是否符合有关法律法规等情况进行审核，对发现的问题进行修改。

（三）课程实验（2014年6月）

1. 选取城市、县、镇和农村不同层次的初中学校试讲；组织工作组课程开发人员听课，邀请部分学校校长、教师和学生家长参加。

2. 收集师生和家长的意见建议，召开工作组会议进行分析讨论，逐个专题形成修改意见。

3. 根据修改意见对课程进行修改。

（四）课程出版（2014年7月～8月）

为扩大本专题德育课程的影响，拟制作成正式音像出版物，由正规出版社进行出版。

（五）动员和培训（2014年7月～2014年8月）

1. 召开动员会议。组织各县区教育局分管局长、主管科室负责人和所有初中学校校长召开一次动员会议，讲清楚本专题教育的目的意义、实施过程和有关要求，为课程开设创造良好的环境和保障。

2. 教师培训。组织全市所有思想品德课学科教研员、德育课程教师进行全员专题教育培训。为保证培训效果，培训计划分5期，每期不超过200人。培训内容包括专题教育的目的意义、课程内容、实施过程、实施要求和示范课。培训时间为1天，上午进行理论培训，下午上示范课。

（六）课程实施（2014年9月）

1. 市教育局下发文件，提出课程实施的要求，明确课时安排、检查指导、课程评价等内容，保障课程实施顺利。本课计划每个学期安排3～4次，每次135分钟，在下午进行，时间从自习课、班会课和思想品德课课时中调整。专题教育课程开设后，与其内容相同的思想品德课程可不再开设。

2. 在全市初中学校普遍开设专题德育课程。各学校根据师资情况安排好上课时间，在初中一、二年级同时开设教育课程。

3. 市、县区教育局安排人员对课程开设情况进行检查。

（七）课程评价

1. 将专题德育课程作为重要内容纳入课程评价，经常组织教研活动，评选优质课程，组织检查评估。

2. 经常组织课程实施情况座谈会，就课程实施中发现的问题提出修改建议并进行修改。

3. 课程开发过程中申报省级教育科研课题，争取申报国家级课题。

4. 专题德育课程经过修改后，申报省级、国家级优秀地方课程。

三、保障措施

1. 组织保障。成立工作组，聘请高层次专家作为顾问。制定实施方案，下发文件安排课时，组织检查、评估。

2. 经费保障。按照课程开发费、专家指导费、教师培训费等确定经费数额，申请财政专项经费。

3. 师资保障。组织全体授课教师全员培训。

三、实验课程开发阶段（2014年3月～2015年1月）

2014年3月、4月、5月、7月、9月，2014年11月，6个月先后7次召开课程开发工作推进会、调度会、评议会，继续开发课程，升级试用课程。2015

年1月,在临沂三十五中集中进行15个专题的课程录制,终于把试用课程升级为实验课程。

四、精品课程开发阶段(2015年2月~2015年12月)

形成实验课程后,我们又在课程教材发展中心专家的指导下,聘请北京专家团队继续深度开发课程。2015年4月,北京视频录制专家团队到临沂各地调研;2015年5月~6月,北京视频录制专家团队到临沂各地进行主题视频拍摄;2015年9月,在北京亚太实验学校培训精品课程录制教师;2015年10月,在沂州实验学校录制15个专题的精品课,连同教师的教学设计、课件、使用说明,形成了精品课程;2015年11月,精品课程由山东电子音像出版社出版发行。至此,我们终于把实验课程升级为精品课程。

五、课程实践检验阶段(2014年3月至今)

1. 试用课程实践检验。

2014年3月形成首批试用课程后,我们确定了临沂市第十一中学、临沂市白沙埠中学、沂南县教育局等15个单位率先进行实践检验。

2. 实验课程实践检验。

2015年1月形成实验课程后,从全市遴选了70所实验学校进行实验,积累课改实践经验。

2015年4月,与教育部课程教材发展中心正式签署战略合作协议,共建"全国基础教育综合改革示范实验区",临沂从此成为全国十大课改实验区之一。

2015年5月,召开全市基础教育课程综合改革暨"问题导向"初中地方德育课程实验工作推进会。

2015年12月,临沂市"问题导向"初中德育课程建设成果新闻发布会暨基础教育课程综合改革示范实验区工作推进会议在临沂三十五中举行。

3. 精品课程实践检验。

(1)印发实施方案。从2016年1月起,我们在全市近300所初中学校全面推广使用本课程至今。2016年2月,《"问题导向"初中德育课程建设实

验项目实施方案》印发。(见附录5)

（2）召开课改研讨会。2016年5月，在临沂三十五中召开"问题导向"德育课程教学经验交流暨山东省初中思想品德课程教学改革研讨会；2017年9月，在临沂十二中开展山东省初中道德与法治优秀课例观摩暨教学改革研讨活动，展示、交流、研讨"问题导向"初中地方德育课程改革经验。

（3）开展评选评比活动。2016年3月，在全市开展"问题导向"初中地方德育课程优秀案例征集及评选活动；2017年10月～11月，在临沂商城实验学校开展全市"问题导向"初中地方德育课程优质课评比活动。

附录5："问题导向"初中德育课程建设实验项目实施方案

为深入推进"问题导向"初中德育课程建设，全面落实立德树人根本任务，促进学生思想道德水平的提高和核心素养的发展，进一步提升学校育人水平和教育质量，特制定本意见。

一、指导思想

坚持以党的十八大和十八届三中、四中、五中全会精神为指导，认真贯彻落实教育部印发的《教育部关于全面深化课程改革　落实立德树人根本任务的意见》，坚持以"问题导向"初中德育课程的深入实施为抓手，把培育和践行社会主义核心价值观融入教育教学全过程，努力推进社会主义核心价值观进学校、进课堂、进头脑，切实增强德育的针对性和实效性。

二、总体目标

通过实验工作，进一步构建与国家课程有机衔接、相互补充、科学合理的地方德育课程体系；基本确立以德育课堂教学为主渠道，学校、家庭、社会多方参与，相互配合、齐心协力的育人工作格局；培养具有社会责任感、创新精神和实践能力的社会主义建设者和接班人。

三、主要措施

1. 做好课程整体规划。思想品德课是学校德育工作的主渠道，要确保按照国家课程方案开足开好。"问题导向"初中德育课程是国家课程的有益补充和拓展，课程以专题课的方式呈现，目前包含实验课程和精品课程，主要在七、八两个年级开设。每个主题的选择可根据学校的活动安排、思想品德课程和班会内容灵活确定。既可以分专题进行主题性教育，也可以实施国家课程校本化策略，要充分挖掘专题中的故事内涵以及精品课程主题视频中的地域特点、乡土气息和美育因素，通过统筹、整合、创新将德育内容进行科学系统设计，形成有目标、有方案、有评价、体系完整、富有特色的德育课程体系。

2. 落实全员育人制度。成立以具有教育情怀、胜任德育教学工作的思想品德课教师为核心，班主任、心理健康教师、其他学科任课教师共同参与的德育团队，探索构建基于教职员工全员参与、全程指导、全面关心学生健康成长的学校协同育人机制。

3. 发挥课堂育人主渠道作用。学校要积极开展德育课堂教学改革，改进课堂教学方法，采用讨论分析、合作探究、体验感悟、实践总结等方式，把传授知识、培养能力同养成习惯、陶冶情操结合起来。教师要充分挖掘视频中的故事内涵、地域特点、乡土气息等德育因素，把德育内容渗透到教学的各个环节。要使学生的思想受到震撼、心灵受到洗礼、情感上引起共鸣，从而引发思考，逐步形成正确的人生观、价值观和世界观。

4. 坚持教研活动引领和推进。要围绕"问题导向"初中德育课程的实施积极开展系列活动：继续坚持"问题导向"思维，依托教育部校本课程实验推进项目——"'问题导向'初中德育课程开发与实施"的开展与研究，在实践中完善和发展初中德育课程；邀请省内外名师和课程开发指导专家开展专题培训；定期举办德育优质课评比、德育教师技能大赛和德育经验交流会、推介会、现场会，为优秀学校和教师提供展示风采的舞台；加强德育课程资源建设，开展优秀课例、优秀课程资源评选等活动；深入开展德育课题行动研究，定期发布德育研究项目，评选优秀研究成果。

各县（区）、学校要积极通过丰富多彩的教学教研活动推进"问题导向"初中德育课程的落实，进一步促进德育内涵发展，增强德育实效。教研人员要深入指导课堂教学，引导各学科教师充分发挥课程的德育功能，整体提升课堂德育效果。

5.拓宽德育实践活动渠道。根据不同层次学生的身心发展特点，广泛开展德育实践活动。完善学生校外实践和志愿服务活动；充分发挥中小学社会实践基地及其他公益性校外教育场所的作用，组织学生参加远足游学、农村劳动、社会考察、社区公益劳动，让学生在实践活动中体验、感悟、浸润，形成正确的情感态度与价值观，培养良好的行为习惯。

四、保障机制

1.加强组织领导。各县（区）教育行政部门和初中学校要进一步增强责任意识，坚持把德育作为教育工作的重中之重，将"问题导向"初中德育课程的实施作为关系教育全局发展的一个重要任务，把各项工作落到实处。各县（区）要及时召开"问题导向"初中德育课程实施会议，组织教育局分管局长、科室负责人、各初中校长和学校德育教师参加的动员会议，讲清德育专题教育的目的意义、实施过程和有关要求，为课程实施创造良好的环境，并提供强有力的保障。各中学要成立由校长任组长，德育教师、德育处、政教处、教导处、工会、共青团、家长委员会负责人为成员的校级德育工作小组，进一步明确分工、落实责任，齐抓共管以形成育人合力。

加强过程指导与监督。各县（区）教研部门要认真做好检查与指导工作，组织成立本县（区）"问题导向"初中德育课程专家团队，及时指导解决推广过程中出现的新问题，保证"问题导向"初中德育课程实施取得预期效果。

2.健全德育教师队伍。各县（区）教育行政部门和初中学校要立足本地实际组建德育教师队伍。"问题导向"初中德育课程实施的教师主要从各校思想品德教师中选取，要确保全市思品教师的数量和质量。

要充分发挥德育教师在德育工作中的骨干作用，全面加强德育队伍建设，定期推广德育工作的先进典型和先进经验。各学校要认真落实"问题导向"初中德育课程，加强德育教师队伍建设，鼓励和提倡德育教师积极担任班主任工作，探索建立班主任工作和德育一岗双责制度。加强对德育教师的培训，不断提高课程实施水平。

3. 完善德育工作评价体系。一是完善德育教学工作考评制度。强化对县（区）教育行政部门、市直学校履行德育职责的督导评估，各县（区）要把"问题导向"初中德育课程的实施列为教学专项督导、校长聘任和考核学校德育情况的重要内容，实行学生思想道德建设工作校长问责制，对"问题导向"初中德育课程落实不到位的学校和师德考核不合格的教师实行年度考核"一票否决"制。二是完善德育教师评价激励制度。为适应新的德育工作形势，市教育局实行德育教学质量奖单列政策，对承担"问题导向"初中德育课程任务并有突出表现的德育教师单独进行表彰，各县（区）和学校也要相应设置专项教学质量奖；将教师德育课程实施情况计入工作绩效并作为职称评聘、评优树先的重要依据；探索建立以教师自评为主，学校、学生、家长、社区成员共同参与的评价制度。三是完善学生综合素质评价工作。按照教育部和省教育厅的相关文件要求，将学生的品德发展状况作为综合素质评价的重要内容，把对学生的德育课程评价计入学生成长档案，探索促进学生发展的多种评价方式，完善学生素质综合评价体系，充分发挥德育评价对学生成长的引导作用，鼓励学生不断进步、健康成长。

4. 经费和条件保障。以项目带资金的方式，加大全市德育课程实施经费的保障力度，保障专家指导费、科研费、培训费及其他运行经费等各项支出；各县（区）也要安排相应经费，用于推进本区域的德育课程实施工作。

临沂市教育局

2016年1月25日

第五章

课程评价与管理

　　课程评价是一种基于一定的价值观，对课程的横向构成系统和纵向实施环节进行跟踪调查、反馈调节和价值判断的过程。概括地说，课程评价是对课程的目标、编订和实施等要素是否实现了培养目标、实现的程度如何，所作出的各种形式的检查反馈，以此判定课程设计的效果，并据此作出改进的决策。通过本课程的实施，探索形成多元、综合、自评、互评与教师、家长评价相结合的学生课程评价方式，完善评价机制，构建基于学生全面发展和教师专业成长、有利于学生可持续发展、有利于学生核心素养形成的综合评价体系，发挥评价对学生成长的引导作用。课程管理是指在一定社会条件下，有领导、有组织地协调人、物与课程的关系，指挥课程建设与课程实施，使之达到预定目标的过程。广义而言，课程管理是包括教育行政部门和学校在内的整体上对课程编制、实施、评价等工作的组织与控制。狭义而言，课程管理是指对课程采取的经营管理措施，是学校内全体教师对学校内课程系统进行调节控制的过程。"问题导向"初中地方德育课程的评价与管理，主要是指对本课程领导力的评价与管理、对本课程实施规划的评价与管理、对本课程开设情况的评价与管理以及对本课程教学情况的评价与管理。

第一节 "问题导向"初中地方德育课程领导力评价与管理

　　课程领导力就是规划和实施课程的能力。课程领导力是深化课程改革的需要，是学校内涵发展的需要，也是提升课程建设者和实施者专题发展的需要。"问题导向"初中地方德育课程重视对课程领导力的评价与管理。

一、学校课程领导力的评价与管理

　　课程领导力评价与管理，首先是加强学校课程领导力的评价与管理。为了推进课程领导力建设，促进学校领导力提升，我们制定了学校课程领导力评价量表（附表13）。

附表13　　　　　　　　　　学校课程领导力评价量表

一级指标	二级指标	评价要点	评分
课程规划力	1.思想性（10分）	发展素质教育，培养社会主义核心价值观，落实立德树人，体现核心素养，以学生发展为本，促进学生全面、个性发展	
		体现德育思想，符合生长德育理念，课程实施与学校愿景相一致	
	2.统筹性（10分）	实现教育力量统筹、教育阵地统筹、课程设置统筹、教学环节统筹	
	3.实践性（10分）	课程实施因地制宜，具有适切性、创造性，体现本校课程特质	
		课程理念、目标、设置、实施、评价等方面具有系统性、一致性	
		把课程思想、理念、规划等转化为可实践、可操作的活动	

（续表）

一级指标	二级指标	评价要点	评分
课程行动力	4.组织性（10分）	课程管理制度、课堂实施团队健全，职责清晰并得到有效落实	
		课程实施工作协调，学校、家庭、社会有效协作	
		有效开发和利用学校、教师、学生资源，有效整合、合理调配社区、社会资源	
	5.专业性（10分）	课程管理科学，课程实施专业、合理	
		课程实施得到专业指导、专业支持，实施标准把握、落实到位	
课程影响力	6.全面性（10分）	通过课程实施，学校、学生、教师都得到进步，学校发展，教师成长，学生成长	
	7.创新性（10分）	课程实施规划、课程组织领导、课程实施机制、课程实施评价等都有创新	
课程评价力	8.先进性（10分）	评价理念先进，善用发展性评价，善用综合评价，评价促进课程的实施与改进	
	9.科学性（10分）	评价测量、分析科学，获取信息真实，分析到位，结论客观	
	10.过程性（10分）	评价重视课程实施过程，及时调控与反馈实施情况，不断完善课程评价指标、途径、工具等	
总体评价与建议			合计总分

（注：评分按二级指标符合程度，由低到高分别赋1～10分，总分最高100分。）

　　成立以具有教育情怀、能胜任德育教学的道德与法治课教师为核心，班主任、心理健康教师、其他学科任课教师和高校专家共同参与的德育团队[①]，探索构建基于教职员工全员参与、全程指导、全面关心学生健康成长

[①] 李中国，黎兴成. 我国高校教师教学研究的热点状况分析——基于2005—2015年CNKI文献的共词分析[J]. 教育研究，2015（12）：59-66.

的学校协同育人机制。"问题导向"德育课程建立学校、家庭和社区一体化的育人机制。实践证明，学校、家庭和社区"三位一体"的育人机制有序运行，能够形成浓厚的德育氛围和强大的德育合力，促成大德育环境全面优化，从而对学生思想品德的形成与发展起到潜移默化的作用，能够最大限度地增强德育效果。

二、教师课程领导力的评价与管理

加强教师课程领导力的评价与管理。为了推进课程领导力建设，促进教师领导力提升，我们制定了教师课程领导力评价量表（附表14）。

附表14　　　　　　　　教师课程领导力评价量表

评价项目	评价指标	评价等级		
		好	一般	需努力
课程执行力	课程实施符合本课程目标与课程理念			
	课程实施过程方法、策略、手段有效			
	课程实施过程具有趣味性、对话性、互动性、合作性、探究性			
	课程实施过程资源利用充分，情境材料丰富			
	课程实施过程问题设置科学、有效，活动设置学生参与面广			
	课堂实施过程情感性、生成性、开放性强			
课程创生力	自觉更新课程理念，课程意识新，课程生成意识、课程批判与反思能力强			
	课程目标设置、课程内容安排、课程资源选取等方面都有所创新			
	课程实施过程具有创造性，能够创造性地使用、改编、拓展本课程			
	学生、学校、家长对课程实施的满意度较高			
总体评价与建议		合计总分		

（注：评分等级分好（8~10分）、一般（5~7分）、需努力（5分以下）。总分最高100分。）

重视完善德育教师评价激励制度。为适应新时代的德育工作形势，临沂市教育局实行德育教学质量奖单列政策，对承担"问题导向"德育课程任务并有突出表现的德育教师单独进行表彰，各县（区）和学校也要相应设置专项教学质量奖；将教师德育课程实施情况计入工作绩效并作为职称评聘、评优树先的重要依据；探索建立以教师自评为主，学校、学生、家长、社区成员共同参与的评价制度。

第二节 "问题导向"初中地方德育课程实施规划评价与管理

学校课程规划是对学校课程目标、课程结构、课程内容、课程设置、课程实施、课程资源、课程管理与评价等方面进行的整体规划。"问题导向"初中地方德育课程要求全市各初中学校进行校本化实施。有效进行校本化实施，就需要各学校制定本课程实施规划。为了促进学校制定好课程实施规划，临沂市教育局加强对本课程实施规划的评价与管理。

一、课程实施规划的评价

课程评价是一种依据一定的评价标准，通过系统地收集有关信息，采用各种定性、定量的方法，对课程的计划、实施、结果等有关问题作出价值判断并寻求改进途径的一种活动。在本课程评价实践中，我们重视对全市各个初中学校课程实施规划的评价，以引导各个学校重视、审视自己的课程实施规划。为此，我们制定了学校课程实施规划评价量表（附表15）。

附表15　　　　　　　　　　**学校课程实施规划评价量表**

评价项目	评价要素	评价细目	评分
课程目标	□课程实施目标 □学生发展目标	课程目标设计契合课程理念	
		课程目标设计针对培养目标	
课程结构	□课程体系架构 □课程课时安排	课程设置科学，课程分类清晰	
		课时安排合理、恰当	
课程实施	□教研活动要求 □教学过程要求 □课外拓展要求	要求明确、具体、合理	
		要求具有针对性、可行性	
课程评价	□学生学习评价 □教师教学评价 □课程效果评价	评价体现系统性、综合性	
		评价体现可操作性、创新性	
保障措施	□组织保障 □制度保障 □经费保障	保障措施有针对性、实效性	
		保障措施有利于课程实施	
总体评价 与建议			合计 总分

（注：评分按每个评价细目符合程度，由低到高分别赋1～10分，总分最高100分。）

二、课程实施规划的管理

课程管理是课程实施成功的保证，课程管理首先要加强课程实施规划的管理。学校主要从组织保障、制度保障、人员保障等方面加以介入，以保证本课程的顺利实施。

1. 组织保障。

为了确保本课程实施工作扎实有效进行，各学校成立了以校长为组长的课程实施领导小组，全面组织和领导本课程的校本化实施工作，保证课程实施的有效性。领导小组下设课程实施推进小组，承担课程培训、过程评价、课程评估等具体工作，落实课程规划项目的推进工作。

2.制度保障。

学校制定《"问题导向"初中地方德育课程实施规划》《"问题导向"初中地方德育课程推进指导方案》《"问题导向"初中地方德育课程评价方案》等，从制度上对本课程实施作出明确的规范，引导教师认真落实课程规划，保证本课程在学校得以有序、高效的实施。

3.人员保障。

邀请课程专家来校举办讲座或指导，选配优秀教师任教本课程，加强对任教教师的教育和引导，更新任教教师的课程观念，提高任教教师的教学能力。

第三节 "问题导向"初中地方德育课程开设情况评价与管理

为了更好地实施"问题导向"初中地方德育课程，我们不仅评价与管理全市各初中学校课程实施规划，还评价与管理本课程的开设情况。

一、课程开设情况的评价

"问题导向"初中地方德育课程在各个学校的开设情况需要进行考察和评价。我们制定了"问题导向"初中地方德育课程开设情况评价量表（附表16），主要评价课程开设是否按时、学生对课程的满意度如何。学生对课程的满意度可以从这几个方面来考察：教师上课精神饱满，有激情；课堂组织纪律好；课程学习内容丰富有趣，学生对本课程的学习充满期待；课堂上学生充分参与，对话互动效果好，学生善于合作、乐于倾听，学生各方面的能力得到了锻炼和提高；课堂上教师认真负责、积极引导、耐心指导，教学效果好。学生对课程的满意度概括为三个层级：喜欢，一般，不喜欢。

附表16　　　"问题导向"初中地方德育课程开设情况评价量表

专题	时间 （周次）	执教教师	按时上课		学生对课程的喜爱程度		
			是	否	喜欢	一般	不喜欢
孝敬							
诚信							
感恩							
分享							
责任							
手机和网络							
交往							
早恋							
交流合作							
挫折与减压							
冲动与自控							
爱国							
人生理想							
法制教育							
生命与安全							
课程带给我的最大收获或我的建议							

二、课程开设情况的管理

课程开设是将编制好的课程计划通过教学活动付诸实践的过程，是实现预期课程理想、达到预期课程目的、实现预期教育结果的手段。在具体实践中，由于校情不同，各校的课程开设也不尽相同，课程开设的管理情况也有不同。下面是临沂第十一中学的"问题导向"初中地方德育课程开设的管理情况。

临沂第十一中学是全市"问题导向"初中地方德育课程的实验学校。为切实加强青少年思想道德建设，深入践行社会主义核心价值观，坚持立德树人，学校以"问题导向"专题课程为载体，以课堂认知引领为基础，以家校践行内化为核心，注重知行统一，构建实施"一三四五"阶段推进育人策略。"一"是指一个目标，"三"是指三个阶段，"四"是指四个部门，"五"是指五个环节。其模式图如附图2。

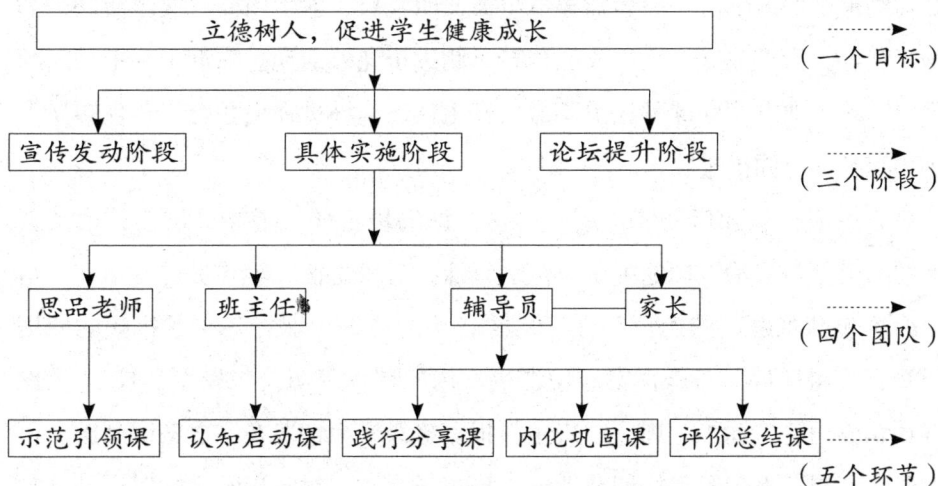

附图2　临沂第十一中学"一三四五"育人策略

1. 第一阶段：宣传发动。

第一，政务处面向全体家长，下发《致家长的一封信》，在信中告知主题教育月的相关事宜，明确家长做什么、怎么做，争取家长的大力支持和密切配合，做好家校结合文章，形成育人合力。

第二，团委制作、张贴主讲老师的宣传海报，广播站开播德育专栏，班级周报、校报《春潮报》、校刊《清源》宣讲德育主题。以春风化雨的舆论宣传，彰显特色的德育文化，浸润学生心灵，引领道德成长。

第三，教务处重新编排课程表，把每周三下午第三、四节课空出来，作为德育课专项时间，并明确要求周三为"无作业日"，任何班级不得以任何理由布置德育课以外的作业。教务处安排专人检查，对违者进行全校通报。

道德与法治组老师作为教学指导团队，负责备课培训、专业引领。

2.第二阶段：具体实施。

受部队管理的启示：连长和指导员，一个负责军事训练，一个负责思想政治工作。临沂十一中构建了班级双线育人机制：以学生为主体，在班级事务中，通过班主任、辅导员共同参与、组织和引领，提高学生的自我教育、自我管理、自我服务的能力，实现班级自主化管理。每班配一名班主任主抓学生学习、安全纪律、班级文化、心理健康教育等，指导建立学生的学习档案，侧重于课内学习；一名辅导员主抓文明礼仪、卫生两操、文体活动、公物管理等，指导建立学生的成长档案，侧重于课外活动。临沂十一中"问题导向"初中地方德育课程，主要通过班主任、辅导员强强联合，角色转换，优势互补，协同推进。

第一周：认知启动课。周一第三节课的班主任、辅导员例会，由负责课题的道德与法治专职老师上示范引领课，对班主任、辅导员进行培训。培训内容包括主题月的德育目标、二次备课的详细说课、各主题视频的使用说明，并将课件、备课详案和说课稿在内的课程资源打包发至学校QQ工作群和学校网站。周二、周三，班主任根据班级实际情况在二次备课基础上再次备课。周三下午第三、四节课，以班主任为主，对各班学生同时启动认知课。与此同时，校长推门听课，政务处由主任带队检查课程开展情况，打分计入班级量化。在启动课上，班主任会留下课外实践作业，并下发"主题月实践活动记录表"，要求家长签字。富有生活化的实践作业，与课堂德育相结合，既是学生在校学习的复习巩固，又是学生德育的生活实践，这个作业布置下去后，学校有检查、有落实，家长有指导、有督促，低起点、严要求，实现了学生从情感体验到道德实践的转化。

第二周：践行分享课。启动课以后，由班主任为主转换成由辅导员为主，后续德育的具体工作由辅导员接手。每一个辅导员都向本班学生和家长提供邮箱，建立家校联系QQ群，届时家长、学生把德育实践作业的图片和视频传给辅导员。在周三德育课上，由辅导员主持，学生述说践行经历，结合学生上传的图片、视频，分享感人事迹，增强育人效果。

第三周：内化巩固课。由辅导员主持，通过指定阅读、综合阅读等形式，让学生内省感悟，写出心得体会，撰写有关德育主题的文章，也可因地制宜地举办主题活动，比如演讲比赛、故事会等。

第四周：总结评价课。由辅导员主持，通过实践活动记录、家长反馈、事迹交流，由学生自述自评、小组评价、班级遴选，选出该项活动中表现突出的优秀学生，予以表彰。在班级评选的基础上，每班推选班级"某某标兵"6名，校级"某某标兵"1名，在学校宣传栏及校报《春潮报》上予以表彰；每班评选专题践行征文2篇，参加学校评比，学校将优秀征文收录到《清源》文学社刊中。

3. 第三阶段：论坛提升。

课堂上，部分同学传递着正能量，其他同学或笑逐颜开，或热泪盈眶；校园里，所有的同学被优秀事迹感动着，被大爱精神鼓舞着；家庭中，学生的诺言得到践行，学生的进步受到认可。孩子们在思考中感悟，在诉说中感恩，实现自我教育。而这些课堂生成、榜样感召和感悟提升需要及时记录总结，以便为下一步德育工作的开展提供材料积累和经验支持。由政务处牵头，道德与法治教师、班主任代表、辅导员代表和部分家长参加，主管校长主持，畅谈得失，记录经典案例，为德育专题月画上圆满的句号。

第四节 "问题导向"初中地方德育课程教学情况评价与管理

我们注重完善德育教学考评制度，强化对县（区）教育行政部门、市直学校履行德育职责的督导评估，各县（区）要把"问题导向"德育课程的实施列为教学专项督导、校长聘任和考核学校德育情况的重要内容，实行学生思想道德建设工作校长问责制，对"问题导向"德育课程落实不到位的学校和师德考核不合格的教师实行年度考核 "一票否决"。"问题导向" 初中地方德育课程教学情况的评价与管理包括两个方面：一是对教学过程的评价与管理，二是对教学效果的评价与管理。只有加强教学情况评价与管理，才能真正把本课程落到实处，才能真正增强德育课堂的实效性和针对性，也才能有效提升学生的核心素养特别是思想道德素养。

一、教学过程评价与管理

"问题导向" 初中地方德育课程的教学过程评价与管理，主要是教学设计、教学方式方法、教学过程及课件使用等方面的评价与管理。为了加强教学过程的评价与管理，我们制定了教学过程评价量表（附表17）。

附表17　　"问题导向" 初中地方德育课程教学情况评价量表

评价项目	评价要素	评价细目	评分
教学设计	教学目标（10分）	目标明确具体、合理得当、切实可行，符合本专题的规定和学生的实际	
		关注引导学生情感态度与价值观的形成，注重培养和提高学生的思维能力、价值判断能力、参与能力和社会实践能力，实现三维目标的有机统一	
	教学准备（5分）	能为学生提供必要的学习材料（如视频等）；能准确把握教情学情以及课堂活动中可能发生的情况，做好应对方案。教学环节设计合理、紧凑，教学思路清晰	
方式方法	教学方式（10分）	能体现 "以学定教"，充分发扬教学民主，营造民主、宽松、和谐、热烈、有序的课堂氛围，师生、生生交流平等、积极、充分。结论的得出与呈现自然、贴切，能够引起学生共鸣，达成共识，德育效果明显	

（续表）

评价项目	评价要素	评价细目	评分
方式方法	教学方法（10分）	体现生活性、活动性和开放性，为学生创设参与活动的空间，寓教育于活动中。联系学生思想品德实际和现实生活，面向全体学生，注重激发学生学习兴趣，学生学习积极性高，参与面广	
		教法灵活得当，教师的活动和学生的活动具有可操作性，讲究实效	
教学过程	学习情境（10分）	选取恰当的视频材料，创设良好的学习情境，让学生讨论分析，突出体验感悟，调动学生学习的积极性和主动性	
	课堂活动（10分）	教学活动进展科学有序、自然流畅，突出重点、突破难点，对教学进度、教学安排及时调整，教师驾驭课堂游刃有余。教学活动有实效，体现民主、互动、开放、合作等原则	
	学生状态（10分）	学生对问题情境关注，兴趣浓厚、主动投入、积极性高。学生自主活动时间充足，活动方式有效，能够体验到学习和成功的愉悦，有进一步学习的愿望。学生能协作、体验、探究、分享，能提出有意义的问题或发表个人见解	
	课堂评价（10分）	采用积极多样的评价方式，为学生提供平等参与的机会，从而提高学生的学习兴趣、培养学生良好的学习习惯、增强学生的学习能力	
	教师素养（10分）	教师语言生动，有艺术性，教态亲切、端庄，课堂组织能力强，知识面广，教学理念新，充分体现引导者、组织者、合作者的角色定位	
课件使用	目标明确（5分）	符合教育方针、政策，突出情感态度与价值观的教育目标。促进学生思维，培养学生能力，有利于调动学生学习的积极性和主动性。课件构思新颖，界面讲究，富有创意，体现支持合作学习、自主学习或探究式学习	

（续表）

评价项目	评价要素	评价细目	评分
课件使用	科学合理 （5分）	取材适宜，内容科学、正确、规范。内容准确无误，举例合情合理。引用资料正确无误，符合现代教育理念。画面制作具有较高艺术性，整体标准相对一致。课件所展示的语言文字规范、简洁、明了。声音清晰，无杂音。媒体多样，选材适度，设置恰当，节奏合理	
	实用恰当 （5分）	实用性强，操作简便、快捷，操作方式前后统一；技术性强，恰当运用多媒体效果，图像、动画、声音和文字的设计合理。移植方便，能够在不同配置的机器上正常运行	
总体评价与建议			

（注：评分按每个评价要素符合程度，由低到高赋分，总分最高100分。）

二、教学效果评价与管理

评价应客观地记录学生学习状况和思想品德的成长发展过程，关注学生的发展差异及发展中的不同需求和特点，以进行有针对性的指导。这说明评价与管理要注重客观性、全面性、差异性和针对性，帮助学生认识自我，建立自信。具体的方法，可以采用以下几种：

1. 观察评价法。

观察法主要是指教师在自然状态下，有目的、有计划地观察学生在专题学习和生活中所表现出来的情感、态度、能力和行为，并记录下来，作为对学生进行引导和评价的依据。在使用观察法时，注意把长期观察与定期观察结合起来，避免把学生偶然出现的问题作为必然来认识；注意把重点观察与常规观察结合起来，要重视对少数需要特殊帮助的学生的观察和教育；注意对因果关系的观察，避免在弄清楚事件的来龙去脉之前，对学生作出不准确的评价，造成反教育的结果。

2.描述性评语评价法。

教师在与学生充分交流的基础上，用描述性的语言将学生在思想品德某一方面（如态度、能力和行为等）的表现写成评语，评语应采用激励性的语言。在运用描述性评价时应注意：评价要准确、有感情，在描写中应尽可能多地使用一些个性化的语言、少一些概括性的文字，多一些形象具体的描写、少一些套话和大话；评价应实事求是，凸现学生特点，特别是对"问题学生"更要多一份宽容、多一份理解；评价应体现教师对学生的殷切希望，以鼓励为主，肯定主流的同时又要恰如其分地指出错误与不足，善意的批评、期待的话语能更好地帮助学生正视自我、调整自我、完善自我。

3.成长档案袋评价法。

成长档案袋记录了学生在某一时期一系列的成长故事，是评价学生进步过程、努力程度、反省能力及其最终发展水平的理想方式。档案袋形成过程通常由学生和教师共同完成，在评价时，以学生的自我记录为主，教师、同学、家长共同参与，学生以评价对象和评价者的双重身份参与评价过程。成长档案袋为教师最大程度地提供了有关学生学习与践行的重要信息，既方便教师检查学生学习的过程和结果，也有助于将评价与教育融合在一起，与课程和学生的发展保持一致，提高了评价的效度。附表18即是成长档案袋的重要内容之一。

附表18 **"问题导向"初中地方德育课程践行活动记录表**

践行目标			
时间		地点	
活动经过			

（续表）

自我检测	完成情况			个人心得
	好	较好	一般	
家长检测	完成情况			评价
	好	较好	一般	家长签名：

4.学生品行评价法。

"问题导向"初中地方德育课程开设之后，学生的品行是否发生了改变？在多大程度上提高了学生的道德品质与良好行为？我们积极运用学生品行评价法，把某个专题的教学效果分解为若干个项目，形成每个项目可观察的具体行为，制定了评价的具体行为标准，制作成学生品行评价量表。附表19是临沂第十一中学"孝敬"专题"孝敬之星"评价标准。

附表19　　　临沂第十一中学"孝敬之星"评价标准

项目	标准	得分		
		优秀	良好	一般
了解父母基本情况	父母从事什么工作，父母最喜欢吃的食物，父母的健康状况，父母的生日			
听从父母	要听从父母的教诲，不辜负他们的期望，让父母开心			
认真学习	回家立即做作业，不让父母催促。努力学好各门功课，经常主动向父母汇报自己在学校的学习生活情况，不让父母操心			
体贴父母	学生要体贴父母长辈，要力所能及地分担一些家务劳动（如洗衣、做饭、整理床铺、打扫卫生等）。吃饭时，先请父母入座，替父母盛好饭菜，吃完饭主动收拾桌子			

（续表）

项目	标准	得分		
		优秀	良好	一般
照顾父母	父母有时身体不适，应主动照护，多说宽慰话；为父母洗脚，尽心尽力地照顾他们			
外出征求父母意见	外出时，在征得父母同意后，应把去向和时间告知父母			
勤俭节约	为父母节约每一分钱，低碳生活，杜绝浪费、攀比现象，不使用手机、随身听等高档消费品			
与父母交流	有心事主动和父母说，经常与父母聊天。碰到一些比较重大的事情，要和父母商量，征求和认真考虑父母的意见			
尊重老师	理解、体贴老师，尊重老师的劳动，接受老师的教育，主动向老师问好			
尊敬长辈	积极参加社会敬老、养老、助老的公益活动，执衷于老年福利事业			
得分统计				

（注：优秀9～10分，良好7～8分，一般5～6分总分最高100分。）

以上评价方法各有所长，它们相互渗透、相互作用，共同构成一个完整的评价体系。在评价实践中，要针对不同的实际情况，根据不同的教学目标，客观地记录学生思想品德的变化过程，发挥各种评价的不同作用，从而形成合力，使评价真正成为促进学生发展的有效手段。我们重视完善学生综合素质评价制度。按照教育部和省教育厅的相关文件要求，将学生的品德发展状况作为综合素质评价的重要内容，把对学生的德育课程评价计入学生成长档案，探索促进学生发展的多种评价方式，完善学生素质综合评价体系，充分发挥德育评价对学生成长的引导作用，鼓励学生不断进步、健康成长。

第六章
课程建设成效与展望

在全球化时代，重视道德教育，重视以道德教育为基础的公民教育、政治教育和法治教育，已经成为世界教育改革的共同趋势。随着中国特色社会主义市场经济体制的确立，社会道德要求和价值取向剧烈转型，不同地区经济发展不平衡和社会两极分化带来了一系列问题，要求学校道德教育站在新的历史方位上，帮助青少年形成正确的价值观，迫切要求教育者积极解决初中德育实效性问题。

第一节 "问题导向"初中地方德育课程建设突破与创新

临沂市以区域为单元，以学校为主体，以15个德育专题为主要研究内容全面启动"问题导向"初中地方课程研发工程，实现了学校德育工作的整体创新。"问题导向"初中地方德育课程，以其鲜明的地域性、内容的生活性、形式的新颖性、主题的系统性、课堂方式的开放性、较强的针对性和实效性，对我国初中德育课程创新进行了可贵的尝试。"问题导向"初中地方德育课程通过创新德育视频教学、实施案例教学等新的德育方式，实现了德育课程的改革与创新，同时也对学校教育和教师提出了新的挑战、提供了新的机遇，即构建更具针对性和实效性的初中德育课程体系，产生德育品牌示范效应。

一、"问题导向"初中地方德育课程研究成果与创新之处

正如前面所言，"问题导向"德育专题教育具有自身的特点和优势，是地方教材、生本课程，是立德树人的真正体现和深入实践，构建的是针对性和实效性强的育德课堂。"问题导向"初中地方德育课程的开发与实施，是充实德育内容、创新德育方法、增强德育效果的一次积极的尝试和探索，是践行和培育社会主义核心价值观的一次伟大实践创新。

（一）"问题导向"初中地方德育课程突破性创新

几年来，"问题导向"初中地方德育课程的开发与实施研究已取得了可喜的成果，提出了生长德育观，形成了"问题导向"初中地方德育课程方案、"问题导向"初中地方德育课程、"问题导向"德育课堂教学模式、"问题导向"德育课程建设基本经验，被教育部基础教育课程教材发展中心副主任刘月霞推崇为"突破性创新"。其"突破性"创新主要体现在以下几个方面：

1. 通过研究形成了以下基本共识点：（1）"问题导向"德育课程是人的课程，是关注学生成长的课程，必须从尊重生命出发，促进道德智慧的生成。（2）"问题导向"德育设计从人出发，与人的生命成长主体相一致；由于"问题导向"德育关注学生成长中的焦点问题、关键问题，因此有利于促进学生生命的可持续发展。（3）由于"问题导向"德育专题涉及学生核心价值观的培育，"问题导向"德育课程开发与实施情况决定着一个区域教育与学生人生的成败。（4）"问题导向"德育课程是主体性课程，它以情感互动为纽带，实现师生的教学相长，有利于增强德育的实效性。（5）"问题导向"德育课程是人本性德育课程，它需要建设一支德育专业素养高的德育队伍，呼唤教育者和教师提高职业素养。

2. 形成了"问题导向"德育课程基本框架及特色。"问题导向"德育课程具有鲜明的地域特色，课程确定的五大板块整体、全面、系统；15个专题符合社会主义核心价值观对社会主义公民的基本要求，问题有代表性、针对性、指向性，而且实效性强；视频摄制精美，所有案例均来源于临沂当地学生的家庭、学校生活，真实、鲜活、生动；这些课程的开展，不仅可以提升学生的道德认知与道德行为能力，更有利于激发学生对家乡的理解和热爱。课程实施采取主题教学思路，环节设计科学合理，授课方式方法新颖创新，具有生本化的课程特色。

在思想道德教育思想观念上，形成了"问题导向德育课程指向人的成长""诚信等德育专题是学生人生的核心价值""问题导向德育课程和德育课程本土化思路"等；在内容上，形成了与社会主义核心价值观相统一，以生长为焦点、以生命为根基的课程体系；构建了主体之间、课程与资源之间、德育阵地之间多维互动实效德育机制；与青少年成长主题相一致，具有生长可持续性，是适合自我教育的高效德育品牌。

（二）"问题导向"初中地方德育课程研发的主要成果

1. 制定了《"问题导向"初中地方德育课程方案》。

在课程目标规划上，《"问题导向"初中地方德育课程方案》明确了课程的总体目标、研发目标、实施目标以及15个专题的课程内容，解决了"教什么"的问题。

在课程设置方面，把"问题导向"德育课程作为道德与法治课的有益补充和拓展，在七、八两个年级开设，鼓励学校对内容进行统筹、整合、创新。

在课程实施方面，落实全员育人制度，成立以道德与法治课教师为核心，班主任、心理健康教师、其他学科任课教师共同参与的德育团队，探索构建基于教职员工全员参与的学校协同育人机制；落实学校、家庭和社区一体化育人机制。

在课程评价方面，一是坚持发展性和多元性原则，强化对县（区）教育行政部门、市直学校履行德育职责的督导评估；二是完善德育教师评价激励制度，实行德育教学质量奖单列政策；三是与学生综合素质评价挂钩，探索促进学生发展的多种评价方式。

2. 开发了"问题导向"初中地方德育课程。

"问题导向"初中地方德育课程是一门兼顾分科课程和活动课程的综合性课程，是一门市域统整、县校结合、校本化实施的地方课程，是以视频为重要学习情境、以解决初中学生成长问题为根本目标的拓展探究性初中德育课程。

本课程共分15个专题，依次为孝道、诚信、感恩、美好的友谊、责任的重量、何为爱国、沟通、在合作中成长、虚拟与现实、挫折之千锤百炼、冲动与自控、我的理想、从规则到法律、生命与敬畏、文明从礼貌开始。这15个专题既和社会主义核心价值观高度吻合，又与国家道德与法治课程相协调，更能与学生的实际相结合，形成了较为完善的基于"问题导向"的立德树人课程体系。

3. 构建了"问题导向"初中地方德育课堂教学模式。

"问题导向"德育课堂教学模式是指在德育课堂教学过程中，以初中生存在的成长问题为核心，以解决问题为动力，把学生置于视频情境中，使学生围绕真实性问题，通过对话互动解决问题，提升学生的核心素养的活动结构形式及实施策略。该模式具有专题化、问题化、互动化和生活化等特征。该模式的基本要素包括"问题导向"德育理念、"问题导向"德育方法、"问题导向"德育时空、"问题导向"德育范式（即"一三三五"范式）等。

（三）形成了丰富多样的物化成果

1. 开发了"问题导向"初中德育课程。

2. 出版了两部专著，即《新时代生长德育新课程——"问题导向"德育课程开发与实施》《新时代生长德育新成果——"问题导向"德育课程成果集锦》。

3. 发表了近百篇"问题导向"德育系列论文（附录6）。

附录6："问题导向"初中地方德育课程成果推介及媒体报道统计（共26篇）

（一）区域成果推介（4篇）

1.《"立德树人"何以取得实效——以临沂"问题导向"德育地方课程研发与实施为例》，发表于2015年第10期《当代教育科学》（全国中文核心期刊），作者：宋玉良、苗成彦。

2.《实施"问题导向"德育培育学生核心价值素养》，发表于2015年第11期《中小学教师培训》（全国中文核心期刊），作者：刘慧、张玉梅、苗成彦。

3.《给德育讲一个好故事——临沂市"问题导向初中德育课程"的研发与实施》，发表于2016年第6期《基础教育课程》（教育部主管，课程教材发展中心主办），作者：陈秀虹、苗成彦、许光。

4.《问题导向引入　创新德育课程——山东临沂市"问题导向初中德育课程"的建构与思考》，发表于2016年第6期《基础教育课程》（教育部主管，课程教材发展中心主办），作者：韩杰梅、宋玉良。

（二）学校成果推介（4篇）

1.《"问题导向初中德育课程"的创新性探索》，发表于2016年第6期《基础教育课程》（教育部主管，课程教材发展中心主办），作者：郑磊。

2.《巧借"东风"来育人》，发表于2016年第12期《中国德育》（教育部主管，中国教科院主办），作者：李继强、郑磊。

3.《孩子的问题也是家长成长的契机》，发表于2016年第12期《中国德育》（教育部主管，中国教科院主办），作者：徐玉萍、徐金亮。

4.《成长就在每天一小步》，发表于2016年第12期《中国德育》（教育部主管，中国教科院主办），作者：袁俊会。

（三）教师成果推介（10篇）

1.《在"叛逆的十字路口"德育何为》，发表于2016年3月16日《中国教育报》，作者：陈秀虹。

2.《主题微视频带来的柳暗花明》，发表于2016年第6期《思想政治课教学》，作者：陈秀虹。

3.《对"问题导向德育课程"的再思考》，发表于2015年第6期《教育实践与研究（A）》，作者：张善伟。

4.《我的视频我做主》，发表于2015年第12期《思想政治课教学》，作者：臧玉清。

5.《以情冶人：让品德课更加温情》，发表于2016年第7期《中小学电教》，作者：闫翠香。

6.《沂蒙大地孕育"问题导向"德育之花》，发表于2014年第6期《沂蒙教育》，作者：王有鹏。

7.《"问题导向"初中德育课程的开发与实施策略》，发表于2014年第6期《沂蒙教育》，作者：苗凤珍、徐铎厚。

8.《"问题导向德育课程"的实施策略》，发表于2014年第6期《沂蒙教育》，作者：高振、王伟。

9.《以问题为导向的情境课堂教学模式的探索》，发表于2014年第6期《沂蒙教育》，作者：许柯。

10.《坚持问题导向，打造七色课堂》，发表于2016年第5期《沂蒙教育》，作者：王有鹏。

（四）媒体报道（8篇）

1.《中国德育》2016年第12期以《"问题导向"让德育行有方向》为题报道了时任临沂市教育局局长祖旭东的专访文章。

2.《中国德育》2016年第12期以《以学生为中心画圆》为题报道了初中德育课程的临沂新模式。

3.《基础教育课程》2016年第6期以《坚持立德树人根本方向　深化德育课程改革》为题报道了时任临沂市教育局局长祖旭东的专访文章。

4.《人民教育》2016年第17期以《让沉睡的德育醒来》为题报道了山东省临沂市德育创新改革案例。

5.《中国教育报》2016年5月6日以《德育课上共鸣多》为题报道了德育教育取得的突破性成果。

6. "琅琊新闻网" 2104年12月9日以《"问题导向"实现德育课堂转型》为题报道了问题导向初中德育课程成果。

7. "大众网" 2014年12月10日以《临沂召开"问题导向"初中德育课程建设成果发布会》为题报道了临沂市"问题导向"初中德育课程成果发布会盛况。

8. "中国文明网" 2015年12月10日以《临沂市研发15个德育专题视频案例课程》为题报道了问题导向初中德育课程成果。

（四）突破了研究重点与难点

研究重点的突破：构建以15个专题为核心德育主题、与社会主义核心价值观相贯通的中学生核心素养指标体系；构建以各专题为统领、以德育视频课程为基础的校本德育课程、地方德育特色课程体系；打造形成以15个德育专题为核心科目、以学生核心素养为价值取向的学科德育品牌；建立以学生、家长、教师为德育主体，学校、家庭和社会教育资源共享的一体化德育新机制。

研究难点的突破：构建以15个专题为核心德育主题、与社会主义核心价值观相贯通的中学生核心素养指标体系，建立与学生核心素养培育相协调的教师职业素养教育机制，构建有利于促进学生核心素养形成的德育评价体系。

二、"问题导向" 初中地方德育课程建设基本经验

近年来，"问题导向"德育课程的开发与实施，探索形成了一套解决问题导向的思路和方法策略，形成了德育课程建设的基本经验。我们将其概括为"五个坚持"：

（一）坚持十大原则

在"问题导向"初中地方德育课程的开发与实施过程中，我们提出并遵循思想性原则、主体性原则、真实性原则、针对性原则、趣味性原则、参与性原则、灵活性原则、适切性原则、渐进性原则、特色性原则十大原则，保证了课程建设的方向。

（二）坚持十项策略

在"问题导向"初中地方德育课程开发与实施过程中，提出并运用问题导向策略、行政推动策略、专家引领策略、专业实施策略、集体研讨策略、系统设计策略、校本实施策略、全员育人策略、重点突破策略、实践强化策略十大策略，确保了课程建设的有效性。

（三）坚持顶层设计

一是确定课程研发思路。2013年10月，我们确立了"德育问题化，问题主题化，主题课题化"的研发思路。二是制定课程开发与实施方案。市域、县域和学校层面各自制定具体的德育课程开发与实施方案。三是搞好课程开发与实施区域规划。"问题导向"初中地方德育课程建设的区域规划，包括课程建设的任务、课程专题化设计、课程研发机制、课程的结构形态等内容。

（四）坚持试点先行

为把课程开发的成果有效地落实到全市初中学生的德育工作中去，我们坚持试点先行、全面推广的方式，制定了课程实施"三步走"的工作计划：

第一步是实验。我们首选德育课程实验学校做好各项实验工作，及时发现和解决实验中暴露的各种问题，并认真总结课程实验的经验和教训。

第二步是修订。在认真总结课程实验效果和经验教训的基础上，本着解决实际问题、提高德育实效性的原则，对课程进一步修订改进，力求德育课程更切合学生健康成长的需要。

第三步是推广。在对课程开发成果进行实验和修订的前提下，把完善后的德育课程成果推广到全市各个初中学校。在课程实验、实施前期，及时发现典型、推广典型经验，对成熟、有价值、有引领作用的学校德育模式和典型做法加以推介推广，带动全市德育课程的整体推进和落实。

（五）坚持教科研推动

一是坚持多主体协同研发。我们组织多位知名高等院校、科研机构的专家进行全程指导，全市120多名骨干力量、500多名德育教师、5万多名学生分阶段、分步骤参与研究实验，共同研发和实施德育课程，开创了高校、科研机构、地方科研院所与大学教授、本土专家、教师、学生等多方参与、多主体协同研发地方德育课程的良好局面。

二是坚持序列化教研科研。在专业化推进过程中，我们围绕"问题导向"德育课程的实施问题，组织开展多层面、多领域的系列教研活动，引领和推进德育课程的深入研发与实施，包括邀请省内外名师和课程开发指导专家对学校和教师开展专题培训；举办德育优质课评比，德育教师技能大赛，德育经验交流推介会、现场会，为优秀学校和教师提供展示风采的舞台；开展优秀课例、优秀课程资源评选等活动，加强德育课程资源建设；深入开展德育行动研究，评选优秀研究成果；积极举办"问题导向"公开课、观摩课、讲课比赛（省级、市级、县区级、校级）。通过这些丰富多彩的教学教研活动，推进"问题导向"德育课程的落实，进一步促进德育内涵发展，提高德育实效。

三是坚持德育专题化研讨。我们定期组织"问题导向"教研活动，积极开展"问题导向"专题研究。结合各校的教研活动制度，定期组织"问题导向"教研活动，交流在课程实施过程中的经验和做法，研究本课程实施过程中所存在的问题，共同讨论解决问题的方法，积极撰写并发表德育论文，出版有关德育专著、音像制品、地方和校本教材。

第二节 "问题导向"初中地方德育课程建设影响与推广

"问题导向"德育课程改革的成功，为基础教育综合改革提供了一种"问题导向"式解决问题的思维方式、工作方法，根本在于教育价值观的转变，使每个人的思想观念受到冲击，思维方式和育人方式发生彻底改变，也为区域教育综合改革提供了主题设计、主题规划、主题统筹的思维方法和决策方式，促进了教师教育价值观的转型和教育行政工作方式的转变。突出表现在以下几个方面：

一、"问题导向"初中地方德育课程建设的成效与影响

"问题导向"初中地方德育课程经过多年的研究与探索，取得了许多可喜的成果，实践中也取得了显著的成效，这些成果在很大范围内得到了推广，对德育课程改革产生了深远的影响。

（一）取得的育人效果

1.改变了学生的学习状态，提升了学生的能力和素养。

第一，学生的主体地位得到充分体现。学生从被动学习转变为主动学习，在课堂上深入思考、积极对话、主动参与、充分体验，主体地位得到充分体现。

第二，学生的学习方式发生了很大转变。学生以自由讨论、小组合作、探究争鸣等方式进行学习，改变了以往以死记硬背、机械记忆为主的学习方式，有效实现了自主学习、合作学习和探究性学习，实现了学习方式的转变。

第三，学生的能力和素养得到了很大提高。学生的表达能力、合作意识、沟通能力都得到了提高，学习过程成为学生发现问题、提出问题、分析问题、解决问题的过程。学生应具备的适应终身发展和社会发展的品格和关键能力，个人修养、社会关爱、家国情怀，以及自主发展、合作参与、创新实践等核心素养得到了较好的提升与发展。

第四，学生成长过程中的困惑或问题得到了有效解决，促进了学生的健康成长。

2.提高了教师的育人能力，提升了教师专业素养。

第一，转变了育人观念。通过课程实施，教师转变了育人观念，充分调动学生的积极性，充分发挥学生的主体性，充分落实学生的主体地位，把德育课堂的重点从传授知识转移到学生情感态度和价值观的润泽和提升上来。

第二，转变了育人方式。通过课程实施，教师转变了育人方式，改变了以前让学生单纯接受、机械灌输的育人方式，通过讨论、交流、展示、互动、体验、参与等方式育人，提高了德育课堂的教学效果。

第三，提升了专业素养。课程开发和实施的过程也是一个不断学习、不断碰撞、不断交流提高的过程。参与课程开发与实施的教师，特别是参与历次录课的教师边学习、边设计、边实验，在反思中不断提升教学能力和水平。课程全面实施后，执教教师的育德观念、专业化水平有了较大的提升。

3. 德育效果明显，课堂面貌焕然一新。

第一，增强了德育效果。"问题导向"初中地方德育课程是生本课程，构建的是生态的、有较强的针对性和实效性的德育课堂。本课程为德育注入了新内容，运用了新形式，带来了新气象，激发了新活力，大大增强了德育效果。德育的趣味性、吸引力、针对性、实效性大大增强。在全国文明城市未成年人思想道德建设工作测评中，临沂市连续三年名列同类城市第一名，这是德育效果较好的一个证明。

第二，改变了课堂面貌。"问题导向"初中地方德育课程的实验实施，有效解决了德育工作针对性和实效性不强、主渠道不畅通、教学内容与生活脱节、德育与教学"两张皮"等现象和问题，大大改变了德育课堂的面貌。

4. 科研水平迅速提高，科研成果得到肯定。

第一，通过本课程的构建与实施，主持人和参与人员的科研水平迅速提高，发表了大量的教育科研论文。例如，本成果主持人宋玉良、苗成彦等在全国中文核心期刊《当代教育科学》（2015年第14期）上发表长篇论文《立德树人何以取得实效——以临沂"问题导向"德育地方课程研发与实施为例》。本成果主持人宋玉良、陈秀虹、苗成彦等在教育部主管的刊物《基础教育课程》（2016年第6期）上发表论文《问题导向引入　创新德育课程——山东临沂市"问题导向初中德育课程"的建构与思考》《给德育讲一个好故事——临沂市"问题导向初中德育课程"的开发与实施》。

第二，通过本课程的构建与实施，主持人和参与人员获得了各级教学成果奖励，科研成果得到肯定。2015年11月，本成果被评为临沂市第二十一次社会科学优秀成果一等奖；2016年12月，15个专题分别获得临沂市政府教学成果一、二、三等奖；2017年7月，本成果获临沂市政府教学成果一等奖，课程研发团队荣获临沂市政府教学成果特别贡献奖。

5. 引发了学校管理体制的变革。

"问题导向"初中地方德育课程改革成果的总结与推广，引发了学校内部管理体制的变革，促进了全市基础教育课程综合改革，德育教学改革不断深化，有效落实了立德树人根本任务。沂南县第三中学以问题导向德育改革为契机，推行"四中心"管理体制改革，全面推进以"全人教育"为特色办学改革。临沂第三十九中学、第十一中学、第二十一中学等学校结合自身发展需要，坚持问题导向思维，对学校德育、教师队伍结构和人才培养模式等方面进行变革，师生的精神面貌发生了较大的变化，办学活力有了较大的提升。

（二）问题导向初中地方德育课程辐射效应

1. 示范辐射作用显著，引发高度关注。

第一，专家充分肯定。教育部课程教材发展中心田慧生、刘月霞，课程处付宜红、张广斌，全国德育专家朱明光教授，北京新学校研究院韩杰梅教授，山东省教科院研究员张彩霞，都对本成果给予了充分肯定。

课程教材发展中心副主任张国华说："临沂市'问题导向'初中地方德育课程以其鲜明的地域性、主题的系统性、内容的生活性、课堂教学方法的开放性、德育课程的实效性，为全国初中德育课程的创新作出了可贵的尝试。"

教育部课程教材发展中心专家国赫孚校长评价："临沂实验区'问题导向'初中德育课程的开发和实施，针对长期以来我国德育工作空洞说教的弊端，回答了我们要培养什么人、怎样培养人的问题，探索出一条通过课程改革措施、立德树人的有效的途径。"

第二，领导高度评价。本成果受到了各级领导和有关部门的重视，引起了社会的广泛关注。

第三，同行充分认可。本成果被教育部课程中心确定为全国校本课程建设研究推进项目。2015年5月26日，教育部课程中心邀请九位全国专家集中对临沂基础教育课程综合改革发展情况诊断把脉，形成《临沂基础教育课程改革的调研报告》。在此基础上，确立了14个实验项目，"问题导向"德育课程就是建设项目之一。可见，本成果受到同行的充分认可。

第四，媒体高度关注。《中国教育报》《人民教育》《中国德育》《基础教育课程》等多家媒体纷纷予以报道，关注临沂市这一德育课程创新之举。

2015年5月6日，《中国教育报》以《德育课上共鸣多》为题报道了临沂市"问题导向"德育课程改革的经验做法。

《人民教育》记者冀晓萍、赖配根以《让沉睡的德育醒来——山东省临沂市的德育创新之路》为题报道并评价说："当别人还在钻书本要分数的时候，我们在考虑学生的感受；当别人在考虑孩子感受的时候，我们在为孩子寻找原因。"

《中国德育》记者刁佳慧、赵广忠以《"问题导向"让德育行有方向——访山东省临沂市教育局局长祖旭东》（2016年第12期）为题报道并评价说："在革命战争年代，临沂这片红色热土上，多少仁人志士为新中国的创立抛头颅洒热血，做出巨大贡献。今天，临沂的教育工作者们依然秉持沂蒙精神，奋斗在教育战线上，用智慧对德育课程进行创新，让德育真正做到'润物细无声'。"

2016年6月，《基础教育课程》编辑部以《坚持立德树人根本方向　深化德育课程改革》为题报道并评价说："15个专题直指德育教学基本问题，以视频案例与活动课程为载体，强调基于学校、以生为本、特色实施，激活了传统德育课堂中沉淀已久的'惰性'因子，创新了德育课程的内容及实施方式，为我们提供了一个鲜活生动的'临沂'案例。"

2.社会评价较高，社会反响比较强烈。

第一，在全省会议上展示本成果，受到与会专家、教师的好评。2017年9月，山东省初中道德与法治优秀课例观摩暨教学改革研讨会在临沂十二中学举行。会上，向全省17地市1 000余名与会人员展示"问题导向"优秀课例，介绍本成果，发放本成果的教学资源。

第二，其他省市地区纷纷学习借鉴本成果。先后有全国10个课改实验区以及北京、上海、黑龙江、新疆、广州等省（市、自治区）专家、老师前来参观学习。

二、"问题导向"初中地方德育课程成果推广

"问题导向"初中地方德育课程建设成果在实践中的检验分为区域层面、学校层面，其中，区域实践检验单位以沂南县教育体育局为代表，学校实践检验单位以临沂第十一中学、临沂白沙埠中学为代表。我们现选择代表性的三个实践检验单位，对其承担的任务及其实践效果进行概述。

（一）区域层面的推广

第一个实践检验单位是沂南县教育体育局。

沂南县教育体育局承担的任务："问题导向"初中德育课程爱国专题实验实施。

沂南县在革命战争年代成为沂蒙革命根据地的中心，被誉为山东的"小延安"，有着丰富的红色教育资源。该县结合"爱国"专题对本课程进行校本化实施，以县域为主导，充分利用红色资源，推进红色教育特色校本课程建设，开发了系列校本课程，有效地对学生进行爱国主义教育，从而打造出充满激情的德育红色课堂。

其实践效果：

第一，打造出了有情感力度的爱国主义教育课。所谓有情感力度，就是爱国主义教育能够强烈地触动学生的情感、震撼学生的心灵，能够极大地激发学生的爱国热情。

第二，打造出了有思维深度的爱国主义教育课。所谓有思维深度，就是爱国主义教育能够开阔、拓展、加深学生的思维，能够大大增强学生的思维能力，大大提高学生的认识水平。

第三，打造出了有行为强度的爱国主义教育课。所谓有行为强度，就是爱国主义教育在情感被激发、认识得到提高的基础上，能够大大增强学生的行为意识，能够有效引导学生的爱国行为。

（二）学校层面的推广

1.第二个实践检验单位是临沂第十一中学。

临沂十一中是临沂市驻城中学。该校在实验实施过程中，全面落实了立德树人的根本任务，促进了学生思想道德水平和核心素养的发展，进一步提升了学校育人水平和教育质量，培养出了更多"厚重、大气、高远、时尚"的十一中学子。其实践效果主要体现为以下几点：

第一，成功做到了中学生"问题导向"与德育的完美结合，真正实现了"育人为本、德育为先"，为实践"立德树人"开辟了新道路。

第二，打破了传统的教学模式。讲—背—查—考的固定模式、枯燥无味的课堂被新奇的课堂模式所取代，学生的兴趣大增，参与意识增强，课堂效果好。

第三，学生的主体地位得到充分体现。进一步增强了学生的体验和感悟，产生了心灵震撼和智慧启迪，学生的主体地位得到充分体现。

第四，全面锻炼提升了学生的综合素质。改变了以往德育课以死记硬背为主的学习方式，学生的口头表达能力、语言组织能力、素材搜集和运用能力、合作意识、沟通能力等都得到提高，全面锻炼提升了学生的综合素质。

2.第三个实践检验单位是临沂白沙埠中学。

临沂白沙埠中学承担的任务："问题导向"初中德育课程孝道专题实验实施。

该校位于孝文化内涵深厚的王祥故里、孝河岸畔。承担孝道专题实验实施任务以来，家校联系更加紧密，班级凝聚力增强，师生关系和谐，德育教师专业能力得到认可，孩子们更加自信阳光，德育课堂硕果累累。全体师生在实施课程的过程中收获颇多。学生从"孝敬父母，尊长敬老"等身边小事做起，自觉养成孝敬父母、尊长敬老的意识和良好的行为习惯，进而全面提高整体思想道德素质，继承和发扬长辈们尊老爱老敬老的优良传统。当看见孩子们在敬老院陪老人们开心地聊天，为他们义务打扫卫生、表演节目时，当孩子们在校园的每一个角落看见老师主动问好，主动为老师拿教具、抱作业本时，当主题班会上孩子们亲吻自己的妈妈、送上自己扎的康乃馨并告诉她们自己不再任性时，当地震灾区需要我们伸出援手、孩子们慷慨解囊时，我们看到本课程的实施已经真正触及了孩子们的心灵，他们已懂得大爱无疆……通过本课程实施，该校已经成为"孝道教育"特色学校。

第三节 "问题导向"初中地方德育课程建设反思与展望

"问题导向"初中地方德育课程建设从开始调研到德育专题设计，都坚持以学生成长为中心，关注学生的成长问题。调研结果反映出初中道德与法治课程、教材和教学中存在的现实问题，如传统学校德育普遍具有强制性、理想化、说教式、唯知识论和封闭性等特征，因而道德与法治课长期以来存在缺乏吸引力和实效性的问题。而"问题导向"初中地方德育课程改革取得了明显的效果，它针对问题设计德育专题，对学生因材施教，收到了良好的育人效果，在很大程度上实现了德育的专业化，发挥了本真的育人效应。

一、"问题导向"初中地方德育课程建设取得成效的原因

当前，我国中小学道德教育存在的复杂问题，折射出较为严重的社会问题，同时也反映了德育课程改革的必然性。调研结果表明：以往道德与法治课程对基础性品德的教育重视不够；以往道德与法治课程对学生思想和生活实际缺乏关注，缺乏更实在的和有深度的帮助；以往道德与法治课程强调知识传递，内容枯燥抽象，教学方式单调，无法激发学生内在的道德学习的动力和兴趣，更谈不上道德实践的愿望和能力，因而道德与法治课程教学改革迫在眉睫。

（一）坚持问题导向，直面学生道德成长主题

1. "问题导向"德育课程建设的起点与定位。

"问题导向"初中地方德育课程建设的起点，就是从解决青少年成长遇到的突出问题、核心问题和焦点问题出发，以关键问题为导向，对学校德

育关注的15个专题进行课程化设计，关注学生品行，解决传统德育课程重知识传授、轻能力培养的问题，解决学校德育效果不理想的问题，解决德育科研水平不高和力量分散的问题，解决城乡德育师资力量不均衡的问题；同时"问题导向"初中地方德育课程以视频内容为重要学习情境，生动展示生活，反映生活，解释生活，提炼生活，为学生创设源自生活的道德学习。

"问题导向"初中地方德育课程的价值如何定位，直接关系到能否增强课程的实效性，因为，只有围绕立德树人根本任务，正确把握学校德育的科学定位，从道德教育的针对性和实效性出发，立足青少年思想道德发展阶段的特点，才能实现学校德育的核心诉求。在"问题导向"初中地方德育课程的价值定位问题上，我们确立了"德育问题化，问题主题化，主题课程化"的德育研究思路，根本目的是让德育回归生活、回归本真，在真实生动的情境中激发学生思考，引导学生关注问题背后的原因，从而实现课程的有效目标。

2. "问题导向" 德育课程适应形势变化。

为从根本上解决中学生道德与法治课教学存在的"四重四轻"和"三个不适应"的问题，我们基于学生日常学习生活行为中存在的问题，在充分调查研究和充分论证基础上，从学生生命出发，着眼学生生命质量的提升，通过聚焦学生成长中的关键问题和教育者自身育人素养问题，以课程的视角整合创新德育方式，不断增加德育实效性，促进学生以品德素养为核心的综合素养全面提升和可持续发展。

为适应青少年身心发展的特点，适应社会生活的变化，适应推进素质教育的要求，我们根据青少年学生身心特点和认识规律开展德育工作，克服成人化倾向；根据国内外形势的新变化、教育改革和发展的新任务以及青少年思想教育工作的新情况，有针对性地对学生进行教育；很好地将校内教育与社会实践、家庭教育密切结合起来；很好地将知识传授与行为养成密切结合起来，使学生知与行均衡发展。

3. "问题导向" 德育课程意义与价值。

"问题导向"初中地方德育课程的15个专题教学实施，不仅有效解决了中学生成长普遍存在的问题，也对学生道德成长的个别性问题发挥了很强的指导作用。学生通过观看视频进行讨论、辩论、分享、交流，增强了学生的直观感受和情感体验，增强了学生参与道德学习的积极性、主动性和自觉性，激发了学生的情感，触动了学生的心灵，引发了学生思考，提高了道德认知能力、意志品质和行为能力，必然有助于学生克服成长中存在的品德问题，促进学生的健康成长。

"问题导向"初中地方德育课程为道德与法治课教学注入了新内容、新形式，带给道德与法治课课堂教学一种新气象、新活力。同时，"问题导向"德育课程有效解决了德育工作针对性不强、主渠道不畅、教学内容与生活脱节、德育与教学"两张皮"的现象，保证了学校德育的理想效果。

总之，"问题导向"初中地方德育课程建设有利于丰富和完善德育理论和实践，有利于落实教育规划发展纲要、社会主义核心价值观、《教育部关于深化全面深化课程改革　落实立德树人根本任务的意见》，深入推进素质教育；有利于进一步深化德育课程改革，促进教师专业水平的提升；有利于调动学生积极性和学习兴趣，减轻学习负担，提高教育质量；有利于破解当前中小学存在的德育低效难题，促进学生良好道德品质的形成，促进学生全面健康发展，对于为国家培养社会主义合格人才具有十分重要的实践意义。

（二）坚持核心价值观引导，让道德教育回归生活

我国自古以来就有弘扬主流价值观的优秀传统，道德教育必须尊崇这一传统。核心价值观教育是国民教育体系的核心内容，历来受到国家和各级党委、政府的重视。我们从当前青少年成长中存在的一些突出问题出发，探索以"问题导向"德育改革落实"立德树人"目标，积极寻找学校德育新路径，帮助学生建立最基本的道德价值体系。因此，要坚持核心价值观引导，帮助学生顺利融入社会、积极适应和参与社会进步和社会建设，实现个人价值。

1. 核心价值观引领。

调查显示，绝大多数中学生并不拒绝思想教育、政治教育、道德教育和

法治教育，有4/5强的初中生认为思想政治课"非常必要"或"有必要"，只是他们反感教学内容、教材呈现和教学方式的不合理。针对初中生德育实效性问题，我们结合教育教学实际，决定围绕核心价值观的培育问题，对初中生思想道德教育进行专题设计，确定了"问题导向"德育课程的基本内容和教学形式，15个德育专题中每一个专题都对应社会主义核心价值观对未来合格公民的基本要求，既是学生核心价值观教育的主要内容，同时也是初中阶段学生核心素养培育的重要内容。

道德教育作为学校教育的核心和灵魂，实践中在坚持核心价值观引导的同时，要以人为本，回归学生生活，从而使道德教育成为温馨的、有魅力的、受学生欢迎的课程。由于人的道德成长是在生活中不断解决道德冲突的过程中逐步实现的，只有真实生活情境才能体现道德。虚拟的道德情境不含有真实的道德冲突，也不必然导致道德行为。实验结果表明，"问题导向"初中地方德育课程及其教学正显示出道德教育的育人魅力。

2."问题导向"初中地方德育课程实现了道德教育的生活回归。

第一，"问题导向"德育课程建设实现了让道德教育回归学生生活，让德育内容充分融入生活，让一种以知识教育为主的德育走向强调知识、能力、情感态度与价值观整合的并以感受体验为基础的道德教育，让既往的单向灌输式的道德教育变成一种讨论性的、对话性的、分享性的道德教育，让过去孤立封闭的学校道德教育变成一种全息开放的道德教育，变成一种不是成人中心、权威中心的道德教育。

第二，"问题导向"德育课程遵循初中学生身心发展及其生命成长的规律，符合人的思想品德形成的需要，这一课程教学样式强调体验重于知识、践行重于言说、过程重于结果、隐性重于显性，增强了道德教育的魅力和针对性。

第三，"问题导向"德育回归生活，把生活作为道德教育的来源和主体，引导学生在生活中发现和感受生命成长的道德需要，用生活滋养人，用生活教育人，让道德重归心田，让生活中的真善美成为学生生命中最重要的东西。

总之，"问题导向"德育课程通过搭建平台，为教育者和受教育者提供一个讨论关乎道德成长和思想成长话题的契机，通过开展认知活动、情感活动和意志活动展开道德学习，扩展视野，提升思维品质。学生在此过程中反复经历、反复对话、反复感受、反复共享、反复理解、反复实践，让学生的思想矛盾、内心焦虑、成长中的快乐和烦恼得以释放。在经过这种全息影响和整合性作用之后，一个完整的道德教育就为学生的全面发展奠定了扎实的基础。

（三）构建市域主导、学校主体的课程研发范式

在校本课程开发或选用问题上，一般认为是学校自己的事情，既然将课程决策权力下放给了学校，开发得好坏关键在各学校，政府和社会无须过多介入，尽量放手让学校自己开发。这样，在校本课程开发实践中就助长了各学校单兵作战、各自为政、自我封闭的倾向，而一些长期制约校本课程开发的深层次问题始终得不到解决。对此，临沂市结合地域特点和当代文化传统，进行深入分析研究，认真分析造成校本课程开发陷入困境的原因，重新思考推进校本课程开发的新思路，提出了基于区域校本课程开发推进的策略，逐步形成了体现地域特点和当地青少年儿童成长特点和规律的问题导向课程体系。一方面解决临沂地域内青少年儿童成长过程中遇到的普遍性问题，另一方面也为相同地域中小学德育研究提供范例。

基于立德树人问题的解决，临沂市坚持以区域为基础，立足校本特色，充分发挥政府和教育行政部门的导向和统筹作用，正确处理政府部门和学校的关系。政府部门从高位入手，顶层设计，合理规划区域内校本课程开发；依靠行政力量消除共同影响和制约校本课程开发的障碍；政府部门采取有效措施和行动，促进了校本课程开发走出困境，均衡发展。

以问题为导向的德育课程研发的目标，主要在于构建体现青少年成长过程中核心价值的课程，开发具有人文性、动态性、地域性、可操作性的丰富视频德育资源库，选择以贴近青少年儿童成长最近发展区的孝敬、诚信、感恩等15个专题为核心的德育课程内容体系。在课程实施方面，我们以落实立德树人为主旨，研究构建以统筹育人环节、学段、教育阵地、各方力量、学科课程为主要内容的课程实施策略体系，构建有利于学生可持续发展的"问

题导向"德育课程评价体系。

（四）构建多方参与、多主体参与德育协同创新机制

落实立德树人根本任务是一项系统工程，要求我们必须坚持问题导向，实行德育课程的综合改革，有效破解德育低效的难题。在开发与实施过程中，按照"坚持方向、问题导向，政府主导、行政推动，专家引领、专业实施，整体规划、分步推进"的机制，采取"三步走"策略，实行整体推进。

有了明晰的研究推进思路，通过实行节点推进机制，经由试用阶段、实验阶段、实施推广阶段，逐步达到预期的研究效果。为此，我们制订了严格的实施计划。2013年，在确定了第一期开发的孝敬、诚信、感恩、分享、责任、爱国等15个专题内容之后，制定了《临沂市"问题导向"初中德育课程开发工作实施方案》，同时组建成立了由国内知名专家、全市骨干校长、学科骨干教师组成的120多人的研发与实验、成果推广团队。

在课程开发中，召开多次"课程开发工作推进会议""课程开发工作调度会""课程资源评议会"，解决了课程开发过程中所遇到的一系列问题。2015年1月20日至2月5日，在临沂第三十五中学集中进行了两次录制，形成了首批实验课程。2015年5月7日，临沂市教育局召开了"问题导向"初中德育课程实验工作推进会议。

为打造德育精品课程，聘请专业团队拍摄了基于临沂市乡土文化、临沂市师生自己的、主题鲜明的15组德育故事主题视频，对课程进行二次深度开发，打造精品课程，进行主视频高清录制，制作精品教案、精品课件和示范课等。2015年10月8日至19日，在临沂沂州实验学校对15个专题课进行了精心录制。

在"问题导向"初中德育课程研发、实验实施和推广中，召开多种形式的调度会、专题会、新闻发布会、推进会、总结提炼会等，形成了高校、科研机构，大学教授、本土专家、教师、学生等多方参与、多主体参与的德育协同创新氛围，共同研发德育案例和教案、视频教材。

同时，建立了"问题导向"德育课程改革成果总结提炼、推广机制。如今，"问题导向"初中地方德育课程改革打破了德育学科教学的学科化思维

方式，实现德育教学从"教课本"到"教生活"、从学科逻辑向生活逻辑的转变，把培育和践行社会主义核心价值观融入学校教育全过程，切实增强了德育的针对性和实效性。

总之，临沂市教育局结合地域特点和当代文化传统，进行深入分析研究，确立国家级课题，形成体现地域特点和当地青少年儿童成长特点和规律的问题导向课程体系。一方面解决临沂地域内青少年儿童成长过程中遇到的普遍性问题；另一方面也为相同地域中小学德育研究提供范例，开创了以市域为单元、以学生为中心、以学校为主体，县（区）相互配合，开发德育校本课程的新格局。

二、"问题导向"初中地方德育课程建设问题与展望

"问题导向"初中地方德育建设虽然取得了一定成果，但与起初确定的"以生为本、区域统整，课程育人新生态"构建的理想和目标还有一定距离。"问题导向"初中地方德育课程建设尽管存在许多不足之处，但已形成了宝贵的德育课程研发经验和成果，我们有信心在德育课程建设方面取得更大的成绩。

（一）"问题导向"初中地方德育课程研发的不足之处

"问题导向"德育课程建设在课程实施阶段遇到的问题主要是认识水平参差不齐，与我们的预期还有较大的差距。其中存在的主要问题，突出表现在以下几个方面：

从课程开发的角度看，第一，开发深度不够。每个专题尚未形成序列化的校本课程。第二，开发力度不够。尚未形成延伸到小学高年级、拓展到高中一年级的中小学贯通的"问题导向"德育课程体系。

从课程实施的角度看，不可否认的是，目前受应试教育的影响，课程开设在部分学校尚未得到有效落实。如学校在校本化实施时，课程计划编制不够科学、课程建设与实施不够有效、课程评价不够规范、课程管理不够到位等。

我们知道，校本课程是与学校办学目标、学生需求和课程资源相匹配的

课程,更多地承载起了学生生命发展、适性发展、个性发展的重任,因此需要区域层面对学校课程体系建设进行科学规划,实施顶层设计,全面推动校长课程领导力、教师课程执行力和教研员课程指导力的整体提升。然而,在校长课程领导力提升上目前还存在诸多困惑和挑战:校长课程领导的意识淡薄,课程的行政角色大于课程的领导角色,对课程领导的内涵不清楚;校长课程理论的知能不足,无法准确理解课程与教学的关系,对课程文化不很重视;校长对课程资源开发的意识不够;校长的课程领导力存在越位、缺位和不到位的现象;在课程评价的领导方面,校长存在专业储备不足和能力黑洞问题等。

对学校课程领导力价值认识不够,主要体现在课程领导力认识的"三个不到位":

一是对深化课程改革需要的认识不到位。临沂市课程改革虽然取得了较好成效,但随着课程改革的深入推进,一些瓶颈问题也日益凸显出来。如果不能有效地解决这些问题,课程改革工作将难以持续深入地发展,而要彻底地解决这些问题,迫切需要提升学校课程领导力。可以说,课程领导力是课改的新的突破口。

二是对学校内涵发展需要的认识不到位。课程是学校内涵发展的核心领域,课程领导力的强弱决定着学校是否能够规范化、高质量、有特色地持续发展,而学校需要具备怎样的课程领导力,如何进行课程领导,这是当前学校内涵发展过程中普遍面临的新课题。

三是对课程建设者和实施者专业发展需要的认识不到位。校长、教师、教研员是课程建设和实施的核心主体,其专业素养的高低直接决定了学校教育教学的质量和水平。就目前现状来看,大多数学校对课程领导力的认识尚不够清晰,课程领导的意识和能力有待提升。

（二）"问题导向"初中地方德育课程建设的展望

我们提出了临沂市"问题导向"初中地方德育课程建设的愿景:
（1）初步构建起以"问题导向"德育课程为纽带、以孝贤文化为底蕴的特色德育课程体系,逐步形成具有临沂特色的初中德育体系。（2）通过

"问题导向"初中地方德育课程体系的开发研究与实施，总结提炼形成"问题导向"德育课程建设的规律和经验，为打通学科间的育人壁垒、实现学科融合教学改革奠定基础。（3）通过"问题导向"初中地方德育课程体系的开发研究与实施，整体构建中小学德育体系，打通学段之间的育人壁垒，促进学生终身道德品质的形成。（4）加强"问题导向"初中地方德育课程的开发与实施研究，转变传统的道德与法治课教学方式，提高德育课教学效率。（5）通过总结、提炼"问题导向"初中地方德育课程建设研究与实施的典型经验，启发我们用"问题导向"的方式推进学科教学改革，形成具有普遍价值的中小学学科教学改革模式，以利于推进教育综合。

青少年是民族的未来，回应当前社会、学校、家庭对儿童道德成长的深刻关切，"问题导向"初中地方德育课程建设随着研究的深入和成果的进一步推广，将为国家和社会提供当代中国儿童道德发展的整体风貌，为道德教育理论研究特别是中国道德教育理论研究提供现实基础，为中国道德教育现实问题的解决提供有效参考，为国家德育课程、教学及教材改革提供第一手资料，为新时代精神文明建设和社会主义核心价值观的培育做出积极的贡献。

后记

不忘初心，牢记使命，不懈奋斗！

"问题导向"初中地方德育课程开发与实施，打造了与学生成长主题相一致、具有发展可持续性、适合自我教育的高效德育品牌，促进了在全市、学校、教师、学生层面上的跨越式发展，构建形成了以问题为导向的初中地方德育特色课程体系，实现了德育观念、德育内容、德育方式、德育手段、德育方法、德育主体、德育评价、德育阵地的创新，各实验学校形成了百花齐放、各具优势的学生德育新样态。

"问题导向"德育课程从学生生命出发，着眼学生生命质量的提升，通过聚焦学生成长中的关键问题和教育者自身育人素养问题，从课程的视角，整合创新德育方式，不断增强德育实效性，形成了体现临沂地域特点和当地青少年儿童成长特点、规律的"问题导向"课程体系，形成了主体之间、课程与资源之间、阵地之间多维互动实效德育机制。一方面有助于解决临沂地域内青少年成长过程中遇到的普遍性问题；另一方面也可以为相同地域中小学德育研究提供范例。

临沂市"问题导向"初中地方德育课程的开发与实施，取得了一些可喜成果。《中国教育报》以《德育课上共鸣多》为题报道了临沂市"问题导向"德育课程改革的经验做法，《人民教育》《基础教育课程》《当代教育科学》等10多家媒体对这一做法进行了报道。这一创新案例填补了全国德育教学改革特别是德育课程改革的一项空白，为全市深化教育综合改革奠定了良好基础。

我们经过长时间的"问题导向"初中地方德育课程体系的探索与实践，通过大量的课堂教学实践和整理实验材料，最终撰写成此书。

本书由宋玉良同志主持编写，整体框架由宋玉良同志按照教育发展规律、德育规律、课程建设规律等设计规划而成，具有较强的科学性和专业性。本书第一章由宋玉良同志负责编写，第二章由宋玉良、王有鹏同志负责编写，第三章由王存金、王有鹏、苗成彦同志负责编写，第四章由宋玉良、苗成彦、王有鹏同志负责编写，第五章由王有鹏、宋玉良同志负责编写，第六章由苗成彦、宋玉良同志负责编写。最后，由宋玉良、苗成彦、王有鹏同志负责统稿。

在本书撰写过程中，我们坚持"立德树人"根本目标，以"问题导向"初中地方德育课堂教学实践操作为依据，听取了一些优秀教师、专家学者及教研部门的意见，对前期的实验成果进行归总、提炼，形成了更加科学、有效的德育课程研发成果。

本成果得到了教育部基础教育课程教材发展中心田慧生主任和刘月霞副主任、张国华副主任的高端引领，以及课程处付宜红、陈云龙、张广斌处长的精心指导，中国教育科学研究院基础教育研究所陈如平所长、王小飞教授也为本成果提炼提出了宝贵的意见，在此表示由衷谢意。山东教育科学研究院战略研究所曾庆伟所长、山东师范大学教育学院唐汉卫院长、临沂大学社科处李中国处长、临沂大学教育学院张洪高院长也为本书提供大力支持和指导，在此表示感谢。对参与问题德育教学实验的一线教师和教育工作者表示崇高的敬意和诚挚的感谢！

虽然我们以认真的态度撰写此书，但是由于水平有限、时间仓促，在很多地方尚有不足之处，希望读者批评指正。此外，在撰写本书的过程中，我们运用了一些课例、案例素材和资料，在此对原作者一并感谢！

德育课程改革没有终点。我们决心不忘初心，牢记使命，以党的十九大精神为指导，以实现中华民族伟大复兴的中国梦、建设教育强国为己任，为实现人民日益增长的对美好教育生活的需求和学生的健康成长而继续努力奋斗！

参考文献

［1］教育部. 义务教育思想品德课程标准（2011年版）[M]. 北京：北京师范大学出版社，2012.

［2］朱小蔓. 当前中国中学道德教育课程标准及其创新方式[J]. 全球教育展望，2004，33（4）：26-31.

［3］李先才. 试论品格教育与中学道德教育课程建设[D]. 贵阳：贵州师范大学，2007.

［4］纪春玲. 浅论网络时代中学思想道德教育的变化[J]. 经济研究导刊，2009（14）：270-271.

［5］崔志胜. 社会主义核心价值观基本问题研究[M]. 北京：中国社会科学出版社，2014.

［6］胡克州. 新时期中学思想道德教育方法初探[J]. 学术评论，2011（2）：118-119.

［7］曾庆伟，唐汉卫，王彦华等.走向完满人生——山东省茌平县博平中学全人教育的探索与实践[J]. 当代教育科学，2010（24）：20-25.

［8］唐汉卫. 中小学德育：除了"跟着走"，更要"自己走"[J]. 中小学德育，2015（9）：1.

［9］唐爱民. 思想政治课教学的应试困境及破解[J]. 中国教育学刊，2015（2）：65-67.

［10］李中国.科学磨课设计与实践[M].北京：科学出版社，2017.

［11］刘慧，张玉梅，苗成彦.实施"问题导向"德育培育学生核心价值素养[J].中小学教师培训，2015（10）：67-70.

［12］宋玉良，苗成彦."立德树人"何以取得实效——以临沂"问题导向"德育地方课程研发与实施为例[J].当代教育科学，2015（14）：31-35.

［13］冯刚.以问题为导向推进思想政治教育创新发展[J].思想教育研究，2013（6）：3-7.

［14］施建英."生长德育"在思言[M].上海：同济大学出版社，2017.

［15］李守明.守望教育的理想[M].北京：人民出版社，2008.

［16］朱小蔓.关注心灵成长的教育[M].北京：北京师范大学出版社，2012.

［17］段鸿.现代德育——理论与实践[M].上海：上海教育出版社，2012.

［18］山东省陶行知研究会.学习陶行知[M].济南：山东教育出版社，1988.

［19］[美]约翰·杜威.民主主义与教育[M].王承绪，译.北京：人民教育出版社，1990.

［20］杨旭红，毛擘，马兹平.区域推进下的学校课程规划编制实践[M].北京：人民教育出版社，2015.

［21］詹万生，等.和谐德育论[M].北京：教育科学出版社，2008.